[COLEÇÃO
MULHERES
VIAJANTES]

NICOLE WEY GASPARINI

BOON NA MINHA VIDA
UMA JORNADA PELA ÁSIA

No hinduísmo, o boon significa um presente
ou uma bênção que os deuses entregam a alguém
para que essa pessoa saia de uma situação delicada
e aparentemente sem solução.
O boon é o desejo de uma pessoa que se torna
realidade pela ação de um deus ou de uma deusa.

AGRADECIMENTOS

Agradeço a todas (os) que estiveram comigo nesta época da minha vida e que sonharam este sonho junto comigo. Minha profunda gratidão a minha mãe Vera e ao meu pai Ronaldo, que sempre me incentivaram a seguir os meus sonhos. Onde existe um sonho, existe um caminho.

O COMEÇO DA JORNADA

Lembro-me do dia em que me ocorreu pela primeira vez passar um semestre na Ásia. Era agosto de 2015 e eu estava com 19 anos, cursando o meu segundo ano no curso de jornalismo na PUC-SP. Conversava com meu amigo Victor Pinedo, que se preparava para passar cinco meses no Nepal fazendo trabalho voluntário. E a sua ideia me intrigou.

Por que ele havia escolhido o Nepal? Como faria quando chegasse lá? Como encontrou esse trabalho voluntário? Será que ele aguentaria quase metade de um ano em um país completamente diferente do nosso e totalmente fora de sua zona de conforto?

Fiz algumas dessas perguntas para ele, guardei outras para mim; quem sabe eu mesma não as responderia um dia, pensei. Então, ele me contou que a ideia surgiu por uma insatisfação que tinha com a sua vida no Brasil, da qual não via propósito. Ele estudava, trabalhava, saía com seus amigos e com a sua família, mas sentia algo lhe faltava. Concluiu então que uma viagem longa a um país de cultura tão diferente da nossa talvez lhe desse algumas respostas àquilo que sentia e ansiava.

Ele havia descoberto o trabalho voluntário por meio de uma plataforma chamada *Workaway*. Para participar, é preciso pagar US$ 44 anuais (valor divulgado em 2021) e o usuário pode entrar em contato com trabalhos do mundo inteiro. A busca pode ser feita pelo tipo de trabalho desejado, pelo continente, pelo país ou até pela cidade onde se deseja voluntariar. Depois disso, a pessoa interessada entra em contato com o hospedeiro do trabalho escolhido, o chamado *Host*, em inglês, e combina as datas, o tempo de estadia, entre outros detalhes.

Geralmente, os trabalhos são gratuitos, já que o voluntário troca o seu trabalho por moradia e alimentação enquanto estiver lá. Mesmo assim, alguns dos trabalhos que estão cadastrados na plataforma são oferecidos por pessoas que vivem em comunidades vulneráveis e sem grandes condições para arcar com as despesas de alimentação do voluntário. Nesse caso, eles pedem a contribuição de cerca de US$ 5 diários para quem estiver no local.

Além do *Workaway*, existem outras plataformas para quem deseja conhecer novos países e fazer trabalho voluntário (Helpx, WWOOF e Worldpackers).

Por que Ásia?

Foi então, em 2015, após essa conversa com Victor, que decidi o próximo rumo da minha jornada: faria uma viagem pelo sudeste asiático por meio dessas plataformas. Dei-me conta de que não era um projeto totalmente novo: em 2008 eu havia colocado no espelho de meu banheiro fotos aleatórias de paisagens e templos na Tailândia. Admirava essas imagens todos os dias e mentalizava que um dia eu conheceria aquele lugar. Na época, eu havia assistido a um programa sobre o país e me apaixonei pela sua cultura. A manifestação estava feita e eu sabia que um dia aquele sonho viria ao meu encontro.

Depois disso, entre 2013 e 2014, eu escutava a minha mãe Vera me contar sobre os ensinamentos da Yoga, do budismo e da meditação, assuntos que despertavam o meu interesse na época e que ela decidira me ensinar por conta das várias crises de ansiedade e insônia que eu vivia na época por conta do vestibular.

O desejo por conhecer mais afundo a cultura budista estava latente e o trabalho voluntário já era uma prática presente em minha vida. A vontade de me jogar ao desconhecido era profunda, principalmente em uma viagem que eu pudesse conhecer novas culturas e pessoas, e que, além de tudo, permitiria que eu me conhecesse mais.

A oportunidade de realizá-la surgiu antes do que eu imaginava. Em 2016, defini que faria um intercâmbio universitário pela PUC-SP para a Polônia, no primeiro semestre de 2017. De lá, decidi que trancaria o meu curso e faria essa viagem de seis meses pela Ásia. Saindo da Europa, a passagem ficaria mais barata em comparação ao mesmo trajeto desde o Brasil.

Um passo de cada vez

Não digo que foi fácil convencer as pessoas ao meu redor de que era uma boa ideia ir sozinha para Ásia. Eu mesma demorei a me convencer sobre a real possibilidade de concretizar este sonho. Quando me imaginava sozinha, em um país desconhecido e sem saber o idioma local, sentia ansiedade. Mesmo assim, chegou o momento em que tive de estar segura da minha decisão, acolher o meu medo e confiar em mim e no meu caminho. Afinal, agir com coragem não significa ausência de medo, mas seguir adiante, de mãos dadas a ele.

Tive confiança de que tudo daria certo e que, se a viagem era o meu sonho, "o Universo inteiro iria conspirar para que eu o realizasse", como escreve Paulo Coelho no livro *O Alquimista*.

Talvez a parte mais difícil e mais transformadora, tenha sido desapegar da vida cômoda a qual eu me encontrava em São Paulo: era repórter na Editora Globo e este trabalho me realizava (e muito!), estava estudando, prestes a entrar no meu último ano universitário e aproveitava a minha vida com amigos e família. Mas, assim como sentiu Victor, eu também não via um propósito maior na vida que levava. Foi a busca por esse caminho mais alinhado ao meu coração e ao chamado da minha alma que me norteou e me convenceu de que ir para a Ásia faria todo sentido naquele momento.

Por que decidi ser voluntária?

Muitas pessoas que saem do Brasil, dos Estados Unidos e da Europa podem concordar que visitar o sudeste asiático pode ser uma viagem de ótimo custo-benefício. A passagem de avião pode representar, na maioria dos casos, o maior custo dessa viagem. Até para viajar entre uma cidade e outra o valor pago nas passagens de ônibus e de trem cabem no bolso da maioria, inclusive no caso de jovens mochileiros brasileiros.

Com esse pensamento norteando o meu projeto, defini o meu roteiro: Tailândia, Vietnã, Nepal, Camboja e Myanmar. O plano era fazer diferentes tipos de trabalho voluntário em cada um dos países e passar cerca de um mês em cada um, totalizando cinco meses de viagem. Para quem deseja conhecer um país tão diferente do seu, por meio de um mergulho intenso em sua cultura e em seus costumes, não existe caminho melhor do que ser voluntário.

Como tudo na vida, esse tipo de atividade permite que você aprenda alguma coisa nova todos os dias. O contato com as pessoas locais é uma troca eterna e profunda, onde podemos aprender novos idiomas, hábitos, provar receitas inusitadas, descobrir curiosidades – além de impactar positivamente uma comunidade.

Este tipo de trabalho é uma via de mão dupla em que ambos saem ganhando, tanto pela troca pessoal quanto cultural. Do meu lado, eu podia ensinar inglês, espanhol e português, ensinar a mexer com uma câmera fotográfica semiprofissional, por exemplo, e oferecer uma escuta ativa, a minha presença, o meu afeto.

Ao aflorar esses dons e talentos que trazia comigo, também descobria algo novo sobre mim todos os dias, o que me permitia me reinventar. A cada tarefa que me era dada, eu entrava em contato com uma nova "eu" e isso era mágico, transformador, libertador.

Descobri uma série de novas habilidades como, por exemplo, ficar tanto tempo sozinha e ficar em paz e feliz com a minha própria companhia. Também entrei em contato com aquilo que não me agradava tanto, que não ressoava com o que desejo para minha vida, principalmente no que se refere a estilo de vida, acúmulo, apego. Descobri lados meus que nunca havia visto e soube acolher as minhas dores, as sombras que constantemente vinham à tona – é difícil evitar isto quando passamos tanto tempo sozinhos com nós mesmos. E isso é potente, traz cura. Também me aperfeiçoei em características minhas já conhecidas, mas que não costumava lidar com frequência, na minha cômoda rotina em São Paulo, como interagir com pessoas estranhas e diferentes de mim e me sentir completamente a vontade para ser eu mesma, para me expressar, para escutar e me deixar atravessar por aquela história que cruzara o meu caminho.

Permiti-me ser uma metamorfose ambulante: uma lagarta que chegou rastejando em um novo continente e que saiu de lá voando, com lindas asas de borboleta, sabendo que era possível alçar voos cada vez mais altos, sem me impor limites ou barreiras. Permiti-me provar sabores que nunca havia sentido e conversar com pessoas que dificilmente teria falado em outras situações. Deixei-me levar pelo fluxo da minha própria jornada. Sentia a minha intuição mais aguçada e aprendi a escutar a voz do meu coração, que me guiava para todos os cantos.

O aspecto humanitário intrínseco ao trabalho voluntário foi o que me moveu e comoveu, a todo instante. Ficou evidente como as pessoas se unem por propósitos diferentes, mas todas estão abertas ao novo e, por isso, conectam-se com a intenção de compartilhar experiências, momentos.

São dois caminhos que se cruzam pelo desejo de aprender com outro e enxergar-se por meio da sua visão. Em cada trabalho, tive mestres diferentes: professores que me ensinaram mais do que eu poderia imaginar. Quando entendemos que qualquer pessoa tem algo a nos ensinar, nos abrimos para a sua realidade e nos permitimos adentrá-la. Seus ensinamentos se tornam parte inerente de nós.

Ao viajar como voluntária, entendi que poderia viver outras realidades com o mínimo de dinheiro. Por não gastar com moradia e nem com alimentação, os custos de viagem foram significativamente reduzidos.

Por fim, retorno a uma das perguntas que fiz para mim mesma quando o Victor me contou que passaria cinco meses no Nepal: "como ele aguentaria passar tanto tempo em um lugar completamente diferente de tudo o que estava acostumado?"

Depois de ter passado cinco meses no sudeste asiático, eu descobri a resposta: sentimento não entende tempo. Não se trata do tempo que você passa em um lugar, mas do que experiencia nele e o que descobre sobre você enquanto está lá.

Eu poderia ter ficado até mais, mesmo tendo a clareza de que tudo dura o tempo suficiente para se tornar eterno. Mas eu vivi intensamente cada dia, um de cada vez, centrada no momento presente.

A Ásia exige tempo para digerir cada característica, cada sabor, a falta de uma lógica clara. Dar esse tempo ao tempo é essencial para entrar na rotina e entendê-la ou, ao menos, respeitá-la.

Não importa quanto tempo você tenha disponível ou quanto dinheiro você consiga juntar, viaje! Seja dentro de seu próprio bairro ou para um novo continente. Aventure-se rumo ao desconhecido com a mente e com o coração abertos a tudo e a todos. Permita-se sentir e viver, permita-se ser o que você quiser, mas não deixe que o medo te impeça de ir. Qualquer experiência é válida e toda experiência é um aprendizado. Senti que, ao me distanciar de tudo aquilo que era familiar para mim, ao mergulhar no desconhecido, reencontrei-me em um outro lugar, mais alinhada a minha essência, mais verdadeira com minhas vontades da alma; encontrando a felicidade nas situações mais simples e que me inundavam inteira.

Este livro é um relato da imersão que tive a honra de viver no segundo semestre de 2017. Ele foi escrito em 2018 e revisado ao longo dos anos seguintes até ser publicado em 2022.

Para escrevê-lo tive como base os três diários que caminharam comigo e foram a minha melhor companhia para registrar reflexões, ensinamentos, conversas, alegrias e frustrações.

Espero que a leitura seja tão gratificante quanto foi para mim resgatar cada memória e sensação que tive ao escrevê-lo.

Boa viagem.

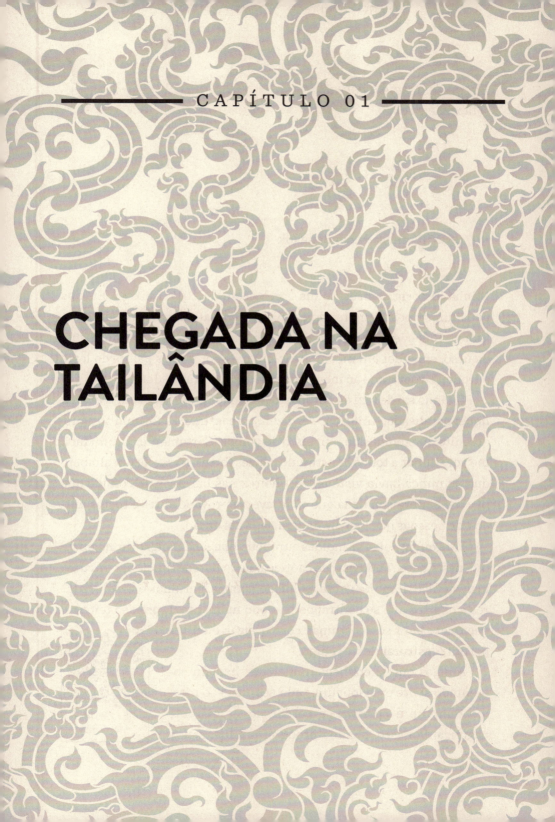

Fazer do desejo a estrada.
@fabriciogvrcia

• 07.08.2017 chegada em Bangkok

Minha história começa no dia 7 de agosto de 2017. Deixei a Europa após um semestre morando em Varsóvia, na Polônia, enquanto estudava Relações Internacionais e Ciências Políticas. Quando acabei o curso, emendei um mochilão de um mês por outros países do leste europeu e voei rumo ao meu primeiro destino: Tailândia.

Quando saí de táxi do aeroporto internacional e me vi em Bangkok fiquei paralisada. Ainda não sei dizer se o sentimento foi bom ou ruim, acredito que tenha sido um misto de ambos. Certamente, não foi fácil me acostumar a todos os estímulos: luzes fortes, letras de um alfabeto que eu nunca havia visto antes, cheiros nas barracas de comida que não me lembravam nada que eu já tivesse provado antes e rostos únicos, de pessoas que não me diziam nada até então.

Para quem deixa os moldes europeus, chegar a Bangkok é, no mínimo, desafiador. Tudo parece caótico e nada parece funcionar em uma lógica única. É muita gente, poluição demais, barulhos ensurdecedores e cheiros que se contrapõem a todo momento. É preciso tempo e paciência para se acostumar com o lugar e eu me permiti desfrutar desse tempo.

Amigos que já conheciam a cidade haviam comentado sobre essa loucura: tudo acontece ao mesmo tempo e é possível se perder nessa aparente bagunça. Por isso, quando procurei um lugar para

Álbum de fotos de Bangkok

me hospedar, desejava fugir o máximo possível de todo esse agito, desejava paz e tranquilidade.

A maioria dos albergues em Bangkok se resumem a entretenimento jovem 24 horas por dia. Victor, meu amigo que já tinha morado um ano e meio na Tailândia após a estadia no Nepal, recomendou-me um lugar mais tranquilo, fora do agito, um oásis em meio ao deserto, o hostel Flapping Duck.

Quando conheci o lugar, fiquei surpresa: situado a menos de um quilômetro da mais agitada rua da capital, a Khao San Road, o albergue mais parecia um cortiço com ar hippie, com vários quartos de diferentes tamanhos e pintados com cores vibrantes, distribuídos por andares irregulares, todos únicos e muito lúdicos.

Nas áreas comuns, objetos antigos apareciam por todos os lados: caíam do teto, estavam grudados nas paredes, encostados pelos cantos. Pôsteres de Che Guevara, bandeiras coloridas, ilustrações de tigres asiáticos, instrumentos musicais pelos cantos das salas. Do lado de fora, luminárias de papel, sinos de vento e colchões coloridos permitiam que os hóspedes descansassem ao ar livre.

Muitos viajantes que passavam pelo local prolongavam a sua estadia. Conheci pessoas que tinham o plano de ficar uma semana e, meses depois, ainda não conseguiam deixar o local. Era, definitivamente, um ambiente interessante: pelas pessoas de todo o mundo, pela atmosfera mística... Era intrigante e despojado e me fazia sentir em um mundo paralelo.

Nos meus primeiros dias na capital tailandesa, desbravei suas ruelas, costurei as faixas de pedestres fugindo dos motoristas de *tuk-tuk* acelerados e dos milhares de motoqueiros. E logo acostumei-me com as buzinas incessantes: elas já se tornavam a trilha sonora da minha viagem.

No primeiro templo budista que visitei, recebi uma pulseira de um monge que estava próximo ao altar. É um costume frequente que os monges doem pulseiras às pessoas que visitam o local junto com uma bênção. Senti imensa gratidão por ganhar essa proteção logo no primeiro lugar sagrado que entrei na Ásia – a pulseira permaneceu comigo a viagem toda e por mais alguns meses após retornar ao Brasil.

Além desse, notei outros dois hábitos da cultura local que me deixaram muito curiosa. Um deles era a prática de ginástica aeróbica, ao som de música pop tailandesa, oferecida gratuitamente em quase todas as praças e parques da cidade. O público era, frequentemente, de mulheres idosas, que se encontravam perto das margens do rio *Chao Phraya* ou das estações de metrô para dançar.

Outro hábito que me intrigou era ouvir o hino nacional tocar diariamente, por volta das 18h, em espaços públicos da cidade. Caixas de som espalhadas por Bangkok tocam o hino todos os dias, na mesma hora, e as pessoas param de fazer o que quer que estejam fazendo para se dedicar àquele momento em silêncio. Era incrível perceber como uma cidade tão agitada se aquietava por um único minuto.

Muito daquilo que acontece na Ásia é de difícil compreensão na ótica ocidental, da lógica e da racionalidade. O melhor que o visitante pode fazer é justamente interiorizar a subjetividade e a fluidez ineren-

Comerciante no mercado flutuante

tes à cultura oriental, aceitando as situações e confiando que "tudo dá certo no fim", como disse certa vez minha prima Belle, que já conhecia alguns países do continente. Conforme as semanas foram passando, eu fui entendendo ao que ela se referia.

No dia seguinte, havia agendado em uma pequena agência de turismo um passeio para o mercado flutuante. É comum você encontrar essas agências nas áreas mais turísticas da cidade e estudar alguns passeios e programas que são realizados por meio delas. Muitas vezes, em sua hospedagem pode ter uma parceria com essas agências, podendo te orientar com isso.

A van atrasou uma hora e não aparecia no local que havíamos combinado. Eu não tinha internet no meu celular e, por isso, era impossível realizar qualquer tipo de comunicação.

Nesse tempo, milhões de coisas passaram pela minha cabeça: "foi golpe, com certeza foi golpe. Será que eu dei o endereço certo? Eu estou no número certo do local que combinamos? Será que eu entendi o horário errado? Será que a agência era confiável?"

A ansiedade só passou quando vi a van se aproximando. Sabia que dali em diante eu precisaria treinar minha paciência e o meu confiar: nem tudo funciona como nós prevemos ou desejamos. Relaxar, nesse aspecto, permite fazer as coisas fluírem com mais calma e aproveitar cada momento aceitando seus imprevistos. Eu sabia que tudo daria certo.

No final das contas, o passeio foi frustrante. A van me deixou em um local cheio de turistas e de quiosques de *souvenirs* de onde saíam pequenos barcos a remo para explorar o mercado. Foi uma grande confusão saber em qual barco cada turista deveria entrar e, depois de entrar na canoa, os turistas eram levados a remo por um percurso previamente ensaiado, que passava somente por barraquinhas de *souvenirs*. Muitos turistas chineses aproveitavam para comprar bolsas, cangas e chapéus. Mas a maioria dos turistas europeus não parecia entender a presença desse tipo de produto naquele local, que a princípio venderia somente frutas e verduras. Além disso, era um verdadeiro trânsito passar de um lado ao outro. Muitos barcos carregados de turistas tentavam alcançar as diferentes partes do mercado, mas acabavam sendo impedidos pelos demais remadores.

A ideia vendida pelos agentes de turismo era outra. Eles mostravam fotos da pequena população que vive nessa comunidade flutuante e que depende desse mercado diário para se alimentar ou para garantir sua renda mensal, como comerciantes.

O que acontece na prática é outro cenário. Os turistas são vistos como protagonistas da situação, o que impede de vivenciar este costume de forma autêntica. Durante o passeio, se você estiver muito atento, ainda é possível ver uma pessoa local remando de um lado ao outro tentando vender seus alimentos frescos, mas são aparições raras.

Perguntei ao meu guia sobre a situação e ele me explicou o seguinte: o povo local costumava fazer essa feira todos os dias, em um mesmo horário, como parte de sua rotina de vida. Até aparecerem dois, cinco, vinte, milhares de turistas para acompanharem de perto aquele hábito pouco comum aos olhos ocidentais. Com o tempo, a presença dos turistas começou a atrapalhar a vida das comunidades locais fazendo com que o *Damnoen Saduak*, o mercado flutuante mais famoso da Tailândia, acontecesse em um horário mais cedo para os locais (às cinco da manhã) e, por volta das oito, fosse aberto aos turistas.

Poucos estrangeiros respeitam os limites que o choque cultural impõe. A maioria coloca suas grandiosas lentes de câmeras profissionais no rosto dos tailandeses enquanto estes remam seus barcos. A preocupação não parece estar em genuinamente enxergar o outro e conhecer sua cultura. Ao meu ver, ficou claro que, em muitos casos, o único objetivo é tirar uma boa foto e exibi-la aos demais ao retornar para seus países de origem.

Quando uma porta se fecha, outra se abre

Após um dos dias desbravando a cidade, no meu caminho de volta ao albergue, já à noite, eu me perdi. Não tinha internet no celular, poucas pessoas na rua falavam inglês e eu estava com medo, assustada. Atravessei uma longa ponte e chorava ao mesmo tempo.

Foi o primeiro momento em que eu também coloquei para fora todo o meu medo de passar cinco meses sozinha na Ásia: "e se eu me perdesse a todo momento?", pensava.

Enquanto temia o pior, quase deixei escapar a presença de guardas que estavam parados em um canto da rua. Com o melhor inglês que puderam improvisar, perguntaram-me o que estava acontecendo. Tentei explicar onde estava hospedada. Eles me indicaram um caminho para eu seguir a pé e foi o que eu fiz, mesmo que insegura e confusa com a explicação. Estava nervosa em me jogar naquelas ruas escuras sem saber ao certo o trajeto.

Foi quando um dos policiais me ofereceu uma carona em sua moto até onde eu precisasse ir. Finalmente, relaxei e me entreguei para aquele momento único, minha primeira vez na garupa de uma moto, em Bangkok, com um policial.

Nesse momento, entendi que quando as coisas fogem dos nossos planos, outras situações surpreendentes acontecem. Se eu não tivesse me perdido, não teria andado de moto pela primeira vez.

E entendi que é preciso realmente mergulhar no desconhecido e estar atenta ao caminho a todo instante e a quem está a nossa volta para aceitar o que vier de encontro ao nosso caminho. Tudo dá certo no fim, mesmo que não seja conforme o planejado.

Quando estamos abertos ao caminho, o caminho se abre para nós e as conexões acontecem. Lembrarei de Bangkok por esses ensinamentos que surgiram das situações mais inesperadas.

MEU TRABALHO COMO PROFESSORA DE INGLÊS EM PHITSANULOK

Depois de uma semana em Bangkok, tive uma experiência de duas semanas no Vietnã (que contarei mais para frente neste livro) e de lá voltei para Tailândia e fui diretamente ao meu primeiro trabalho voluntário, no dia 1º de setembro.

Peguei o trem em Bangkok e fui para Phitsanulok, uma das cidades mais antigas da Tailândia. Meu *host* se chamava Mark Connis, um inglês que mora há mais de quinze anos na Tailândia e que hoje vive nessa cidade pouco turística com Mint, sua mulher tailandesa, e a filha Me-ah, que na época da minha viagem (2017) tinha três anos. Meu trabalho era para ajudar na limpeza do *Karma Hostel*, um albergue que eles haviam aberto há pouco tempo, e dar aulas de inglês para crianças e adolescentes na escola de idioma que eram donos.

Apesar das três horas de atraso do trem, cheguei em Phitsanulok no começo da tarde e fui muito bem recepcionada pelo Mark, que me levou ao albergue em sua moto. A cidade era muito diferente de Bangkok: mais calma, mais leve, pequena e com menos influência ocidental.

Segundo Mark, os poucos turistas que passavam por lá e que se hospedavam em seu albergue eram os que estavam indo de Chiang Mai para Bangkok ou vice-versa, as duas maiores cidades do país e que ficam nas extremidades norte e sul, respectivamente.

Desde jovem, Mark viajava de moto pela Ásia, atravessava fronteiras e gostava de explorar ao máximo o continente. Até conhecer e se apaixonar pela Mint, em Bangkok. Na cultura asiática, não existem tantas etapas antes de um relacionamento se estabilizar. Se duas pessoas se gostam, elas logo irão se comprometer. Mark e Mint saíram poucas vezes e o namoro se desenrolou rapidamente.

O casal chegou a morar em Bangkok por um tempo, mas logo resolveu se estabelecer em uma cidade menor e que não tivesse um custo de vida tão alto. Eles abriram uma escola particular de inglês em que ambos eram professores. Mark vivia recebendo voluntários para ajudar na alta demanda de aulas e eles se hospedavam dentro de sua casa, onde também fica a escola, no piso térreo.

Então, para conseguir mais espaço, resolveu alugar uma casa de três andares ali perto e fazer um albergue, onde ele pudesse hospedar seus voluntários bem como os viajantes. O Karma Hostel surgiu de um pensamento mais colaborativo que Mark cultivava: as pessoas pagam a hospedagem, mas todo o resto é pago por doação. Comida, bebida, tudo o que é oferecido aos hóspedes não é diretamente cobrado deles, pede-se uma contribuição que deve ser deixada em uma caixinha na recepção.

O albergue não tinha recepcionista nem funcionários que cuidassem do local 24h. O meu trabalho era limpá-lo e apresentar os quartos quando chegasse alguém, mas não era necessário ficar na mesa de entrada o tempo todo. Mark queria que as pessoas sentissem que estavam em suas casas, que podiam entrar e sair sem a formalidade de avisar algum funcionário ou de realizar um *check-in* e *check-out*.

Coloquei como meta durante as duas semanas que ficaria em Phitsanulok que meditaria todos os dias de manhã, além de fazer exercícios físicos e ler livros sobre o budismo. Eu já praticava meditação desde 2014, mas desejava praticá-la mais intensamente enquanto estivesse na Ásia e observar as possíveis mudanças. E o resultado foi maravilhoso. Pela primeira vez, entendi o que é se sentir plena a maior parte do tempo.

No dia seguinte à minha chegada, acompanhei Mark nas três aulas que daríamos juntos naquele dia para que ele pudesse me ensinar sobre a dinâmica das aulas. Era um sábado e fiquei curiosa ao aprender que no Sudeste Asiático é comum que o sábado também seja um dia útil em muitos casos e, por isso, as crianças participavam da aula de inglês neste dia.

Em conversa comigo mesma antes desse primeiro dia de aula, eu me sentia nervosa. Mais uma vez, deixava que os pensamentos incessantes da "mente que mente" me dominassem: "será que eu levo jeito para dar aula? Qual a sensação de ser professora?"

Mas logo me lembrei dos novos ensinamentos que tinha aprendido lendo um livro sobre meditação: "esse pensamento é útil?", "tudo que passa em sua cabeça é apenas pensamento, não é um retrato da realidade". Isso me acalmou e me deu forças para seguir firme para as novidades que me surpreenderiam no dia seguinte.

Álbum de fotos de Phitsanulok

Cheguei à escola e outro costume forte dos países do sudeste asiático é tirar os sapatos antes de entrar em um espaço privado. Seja um templo, uma

escola e, às vezes, até nos supermercados. A intenção é não trazer a sujeira de fora para o ambiente mais puro de dentro.

Foi uma sensação única ser chamada de professora pela primeira vez e de ganhar a curiosidade dos alunos. Mostrei no mapa onde ficava o Brasil e alguns só tinham ouvido falar do país por conta do futebol. As crianças pareciam contentes em ter uma nova professora estrangeira em sala. Na última aula do dia, a faixa-etária dos alunos era mais alta, por volta dos 13-15 anos de idade. Eles tinham um repertório maior do inglês e era possível dar aula sem a mediação de Mark, que costumava falar em tailandês com os alunos menores para me auxiliar nas demais aulas.

Saí orgulhosa e realizada depois do meu primeiro dia como professora.

Voltei para o albergue e Mark me perguntou se eu não gostaria de ir ao mercado noturno que acontecia aos sábados na cidade. Ele me disse que Marin Jantarawong poderia me acompanhar e eu nem titubeei para aceitar o convite.

Marin era uma menina doce de doze anos que falava inglês fluente e que, segundo ela, já era guia turística desde os seis. O seu trabalho consistia em mostrar os principais atrativos de Phitsanulok aos turistas, para poder praticar o seu inglês. Ela estava sempre acompanhada de seus pais, que falavam pouquíssimo o idioma estrangeiro.

Eles me buscaram no albergue de carro, o que me deixou muito surpresa. "Provavelmente, são uma família classe média alta daqui, já que a maioria usa bicicleta ou moto", pensei. Antes de me levarem ao mercado, a família me mostrou outros pontos turísticos da cidade. Um deles era um longo muro com pinturas em homenagem ao falecido rei do país.

Depois da visita ao muro, começamos a nossa jornada até o mercado. A família queria me agradar a todo momento: tiravam fotos, compravam diferentes comidas típicas e me ofereciam, e Marin me explicava sobre a história e cultura do país nos mínimos detalhes, com um inglês invejável. A mãe adorava filmar nossas conversas para depois postá-las na página do Facebook da filha para promovê-la como guia.

Marin me alertou que, caso eu vivenciasse qualquer emergência, deveria ligar para o 0155, já que, segundo ela, era perigoso viajar sozinha pela Tailândia sendo mulher. Depois de agradecê-la por este cuidado, expliquei que tinha mais medo de viajar sozinha no meu próprio país do que no dela.

Finalmente um mercado autêntico

A chegada ao mercado logo me encantou. Passei os olhos pelas várias barraquinhas de comida e me deparei com iguarias maravilhosas que ainda não tinha visto: doce de coco com ovos apresentados em folhas de bananeira; bolinhas de tapioca com gelatina e recheio de creme de amendoim; cogumelos grelhados no palito e arroz pegajoso dentro do bambu com recheio de feijão doce. Essas foram algumas das comidas que pude provar enquanto estive no local e que me conquistaram.

Durante toda a viagem, não fui a nenhum mercado tão autêntico quanto esse. Naquele dia, não lembro de ter visto outro turista além de mim. Quase ninguém falava inglês e tudo que era vendido era feito pelos e para os locais: não eram *souvenirs* nem comidas feitas para turistas (como era comum ver em Bangkok, por exemplo, no caso dos insetos no palito, que muitos comerciantes fingem ser uma comida típica).

Na hora de me despedir, ofereci uma "gorjeta" para Marin, para agradecê-la e reconhecer seu trabalho (mesmo sem saber se isso estava certo já que ela era menor de idade). Mas Marin impediu a minha ação e me disse: "você não precisa me pagar por nada. Guarde isso para continuar a sua viagem e continuar explorando o mundo".

Marin era uma menina incrível, muito inteligente e madura. Conversamos sobre igualdade de gênero e ela me contou de uma vez, quando era pequena, e os meninos da sua escola não deixavam que ela brincasse com eles, pois eram "brincadeiras de menino".

Ela também relatou sobre os meninos implicarem com ela e que uma vez ela chegou a revidar fisicamente às provocações batendo em um deles, mas decidiu não fazer mais isso, já que "não levava a nenhum lugar agir igual a eles", como ela mesma refletiu.

No dia seguinte, fomos ao mercado noturno, que acontece no primeiro domingo do mês dentro de um dos templos da cidade. Mark me levou até lá e me contou que a principal atração era a banda que se apresenta com músicas tradicionais tailandesas e que conta com a participação de mulheres mais idosas que se oferecem para dançar em pares com a plateia em troca de dez *bahts* (menos de dois reais).

Foi interessante observar aquela dança folclórica, com as senhoras vestidas a caráter e desfrutando de suas coreografias ritmadas com músicas tradicionais. "Seria brega não fosse tão autêntico", pensei. Nesse dia, provei aquilo que se tornou a minha comida favorita na Tailândia: o *meang*. Um arroz doce e pegajoso recheado de banana assada ou de batata doce, envolto em folhas de banana.

Plenitude

Conforme os meus dias em Phitsanulok passavam, eu entrava cada vez mais em uma rotina que me preenchia e transbordava. De manhã, eu meditava, corria entre as árvores na pista de corrida à beira do rio da cidade e depois limpava o albergue: quartos, banheiros e áreas comuns. De início, achei que essa tarefa seria a parte mais desafiadora da minha rotina, mas lidei tranquilamente. Peguei o jeito rápido e fazia de forma ágil o trabalho. Às vezes, quando eu acordava para começar com a limpeza, Mark já tinha até começado com os chãos dos quartos e salas para me ajudar.

Na hora do almoço, costumava comer em algum restaurante vegetariano onde o prato feito custava cerca de três reais – os tailandeses não têm tanto o costume de cozinhar em casa, porque comer fora é barato, prático e acessível.

À tarde, eu costumava ler os livros que Mark me emprestava sobre budismo e, depois, discutia alguns temas com ele; como a ideia de *mindfulness*: estar presente no aqui e agora e estar atento para perceber tudo que acontece dentro de você e à sua volta, a todo momento.

Em seguida, pegava a bicicleta que estava a minha disposição no Hostel e pedalava até a escola para dar duas aulas aos alunos. Confesso que gostava mais de ensinar aos adolescentes que às crianças, já que era mais fluido por eles terem maior domínio do idioma.

Eu costumava voltar ao albergue às sete da noite, preparava algo para comer e dormia cedo.

Nunca imaginei que uma rotina tão simples pudesse me enriquecer tanto. Eu amava cada parte do meu dia, principalmente na escola.

Percebi como quando eu tinha menos coisas materiais, distrações e atividades no meu dia também foi o momento em que eu me sentia mais feliz e leve, sem pesos, excessos, apegos. Intui que eu realmente precisava de muito pouco para ser muito feliz e que a maioria das coisas que me trazia realização e paz de espírito não eram coisas materiais.

Sentia-me plena praticamente a todo momento. Sentia uma felicidade genuína que vinha de dentro e que se expandia para fora do meu ser. Sentia-me conectada com tudo e com todos e em nenhum momento sentia solidão ou tristeza, pois a minha própria companhia era a melhor que eu poderia ter naquele momento. Durante esses dias, só conseguia pensar no quanto eu estava orgulhosa de mim por ter vencido meus obstáculos, medos e inseguranças, e ter mergulhado de cabeça nesse sonho.

Sentia o desejo de compartilhar tudo com todos: um sorriso, uma conversa, uma comida.

No final de semana seguinte, desbravei várias partes da cidade de bicicleta e já me sentia local. Entrei nas pequenas ruas à margem do rio marcadas por bananeiras e árvores robustas. Conheci novos templos budistas e assisti ao pôr do sol sentada na mureta de uma das pontes da cidade, tomando uma cerveja e comendo uvas recém compradas no mercado local.

Era tudo o que eu tinha e tudo o que eu precisava.

Eu sou capaz!
Na minha segunda semana lá, vivi um momento marcante na minha vida: fiz 28 km de bicicleta, ida e volta para um templo chinês no meio da estrada. Mark vivia me dizendo que era tranquilo fazer isso e que eu

deveria tentar, mesmo estando insegura, deveria ir com medo mesmo para perceber que eu daria conta.

Então, combinei comigo mesma que, caso eu estivesse cansada na volta, tentaria pegar uma carona na estrada. O resultado foi que eu não só consegui realizar o trajeto completo, como não sofri em nenhum momento para fazê-lo. A sensação de superação foi indescritível: foi impressionante sentir no corpo, na alma, como muitas vezes colocamos obstáculos em nossa mente que não são reais. O corpo pode provar o contrário do que a mente quer convencer.

"Como eu poderia dizer que não sou capaz de pedalar 28km se eu nunca tentei?" Depois desse dia, sempre me pergunto isso quando fico receosa de fazer algo pela primeira vez e tentando me convencer de que não darei conta. Afinal, ter coragem é agir mesmo com medo e não na ausência dele.

Histórias que inspiram e nos transpassam

No meu último dia na cidade, conheci uma pessoa que apareceu como um anjo no meu caminho quando resolvi fazer uma massagem tailandesa dentro de um templo perto do albergue.

O espaço pequeno, com várias camas uma do lado da outra. Na Tailândia, essa massagem mais do dia a dia é feita assim: de roupa, em lugares públicos, sem óleo sem nada, mulher e homem juntos no mesmo espaço. Não é um momento de intimidade e relaxamento, necessariamente, é mais uma questão de saúde mental e física.

Alguns até mexem no celular enquanto recebem massagem ou conversam constantemente com a massagista durante a sessão. É uma prática que muitos fazem diariamente, após o horário de trabalho, por ser prático e relativamente barato. Em lugares menos turísticos, é comum pagar entre R$ 25 a R$ 50 para uma hora de massagem.

Quando acabou a minha sessão, uma mulher de uns 50 anos me abordou e me perguntou de onde eu era (ela era a única que falava inglês no local). Contei que vinha do Brasil e que havia ficado duas semanas fazendo trabalho voluntário na cidade. Ela ficou animada quando disse que era brasileira, pois a sua filha de 20 anos havia morado por dois anos no Brasil. A jovem tinha estudado português e morou com uma família em São Paulo que era descendente de japoneses e de bolivianos.

Ela me contou que sua filha era apaixonada por idiomas e que depois de aprender inglês e japonês resolveu aprender português. Fiquei surpresa com a conexão desta jovem tailandesa com tantas culturas: "imagina viver em uma pequena cidade da Tailândia até os 18 anos, morar no Brasil, em uma metrópole como São Paulo, e conviver com uma família de costumes japoneses e boliviano?", pensei comigo mesma com desejo de conhecer a jovem.

A mãe continuou me contando que esse choque cultural é coisa de família: "eu me relaciono há cinco anos com um homem da Islândia. Nós nos conhecemos pela internet e depois de alguns meses ele veio me visitar aqui. Ele estava todo nervoso quando me viu pela primeira vez e eu não entendi o porquê. Falei que ele era muito bem-vindo ao meu país e lhe dei um abraço; ele logo se sentiu em casa. Algumas semanas após essa primeira visita, fui visitá-lo na Islândia". Perguntei se ela não tinha sofrido muito por conta do frio e ela me disse que não achou tão ruim quanto imaginava, e que a neve era até reconfortante.

Em seguida, ela pegou na minha mão e continuou me contando a sua história de amor olhando nos meus olhos, pressionando minha mão cada vez mais forte. "Não existem barreiras para o amor, a gente precisa se entregar. Ainda mais com a tecnologia que facilita tanto as coisas, eu mesma estava até agora falando no Skype com ele. Tudo dá certo no fim".

Eu já estava quase chorando, "há tanto tempo que não sinto o toque carinhoso de alguém. Que falta este tipo de afeto me faz", senti.

Ela terminou seu relato me dizendo que seu namorado a havia pedido em casamento e que sugeriu para que ela se mudasse para lá. Ela aceitou, mas disse que só valeria a pena se ela pudesse trabalhar na cidade, pois não queria ser dona de casa e , por isso, tentaria trabalhar na recepção do hotel de um amigo dele e estava muito feliz com a sua escolha.

Que conexões incríveis, que mundo pequeno. Estamos realmente todos conectados o tempo todo. Às vezes, nem precisamos sair de casa para viajarmos o mundo; basta estarmos atentos ao caminho e ouvirmos histórias extraordinárias, que serão parte das nossas próprias histórias também.

O que senti do contexto histórico e político do país
O rei Bhumibol Adulyadej governou o país durante 70 anos e morreu em outubro de 2016, quando milhares de homenagens foram feitas a ele nas ruas da Tailândia. O respeito à figura do monarca é tão presente na vida da maioria dos cidadãos que, por ele estar estampado no dinheiro, não é permitido colocar as notas no bolso traseiro da calça nem pisar nelas, pois isso é considerado uma ofensa sem tamanho.

O país também tem uma lei que pune por até 15 anos de prisão quem ofender o rei. O país viveu um ano de luto até que o corpo do rei ser cremado, em setembro de 2017, dando fim às homenagens, pouco antes de eu chegar à Tailândia.

Nessa monarquia constitucional, a figura do rei é muito importante, apesar das decisões políticas serem tomadas pelos governantes do parlamento.

De acordo com a Organização Mundial de Turismo, a Tailândia é o país mais visitado do sudeste asiático e o turismo configura atualmente 6% da economia do país. Esse setor aumentou significativamente na última década do século passado e seguiu crescendo exponencialmente nos últimos anos.

É por isso que hoje o país passa por um período de turismo massivo, sofrendo pela ocidentalização e influência estrangeira em diferentes áreas da sociedade. Além das ilhas paradisíacas e dos templos budistas, o país também é massivamente procurado, infelizmente, pelo turismo sexual.

CAPÍTULO 02

DESBRAVANDO O NORTE E O CENTRO DO VIETNÃ

Fazer morada somente onde o coração se sente em casa.
@1intenso

• 21 dias de viagem

HANOI

Depois da Tailândia, passei duas semanas no Vietnã, o único país em que eu não fiz trabalho voluntário. Cheguei à capital da região norte, Hanói, e senti o que já haviam me alertado: a cidade tem um dos trânsitos mais caóticos do mundo. A área era menor que a de Bangkok e a quantidade de motocicletas a cada esquina impressionava.

O país é mundialmente conhecido pela cultura das motos: em média, metade dos habitantes tem uma moto. São 90 milhões de habitantes e quase 40 milhões de motocicletas que contrastam com o 1,6 milhão de carros dos habitantes. Os acidentes acontecem o tempo todo; segundo o Comitê Nacional de Segurança no Tráfego (NTSC), 26 pessoas são mortas e 81 são feridas todos os dias. A poluição e a falta de segurança no trânsito levaram o governo a cogitar banir o uso de veículos em Hanói até 2030.

A moto é usada por pessoas de todas as idades, que carregam todo tipo de coisas em sua garupa: barril com água, guarda-sol, malas, sacolas. Além disso, é normal encontrar famílias que se amontoam em cinco ou seis pessoas em um único veículo. Bebês de poucos meses são esmagados como o recheio de um sanduíche entre o pai, a mãe e os irmãos mais velhos, casualmente encaixados como uma peça que sobra em um jogo de quebra-cabeça.

Álbum de fotos de Hanoi

Apesar do perigo, testemunhar esse tipo de cena não me dava medo; até cogitava pensar que o bebê estava confortável naquela situação (sei que pode não fazer sentido, mas era a sensação que eu tinha). As motos também funcionam como local de trabalho: era frequente cruzar barraquinhas de comida colocadas na parte lateral de uma moto.

Diferente da Tailândia, onde muitos motoristas andam sem capacete, no Vietnã seu uso é obrigatório. Apesar do alto índice de acidentes, a maioria das motos não passava de 60 km/hora. Percebi isso ao notar que, mesmo no caos, todas as motos seguiam um mesmo ritmo em um único fluxo.

Antes de chegar ao Vietnã, vários jovens com quem eu havia conversado perguntaram se eu faria a volta ao país em moto ou, ao menos, a parte norte. Eu nunca havia dirigido uma moto e não cogitava fazê-lo ali, em um dos lugares de trânsito mais permissivo do mundo. Mas, para a maioria dos jovens essa experiência única era indispensável e se entregavam para essa jornada que poderia durar dias, semanas e até meses.

Também era muito comum comprar uma moto na ponta do país e vendê-la em outra. Não era necessário licença de habilitação e, na maioria dos lugares, uma cópia da carteira de motorista de carro do seu país de origem já era suficiente para os comerciantes locais venderem ou alugarem uma moto a um estrangeiro. Muitas vezes, nem isso: apenas uma cópia da sua identidade ou do passaporte já bastava.

A cidade corre, mas também respira

Mesmo que o semáforo estivesse verde para o pedestre, era necessário aguardar a passagem das motos, pois ninguém respeita quem está a pé. Por isso, a maioria das pessoas atravessa em meio ao caos, costurando os veículos que passam, passo a passo, e parando no meio da rua, caso fosse necessário deixá-las passar. Era necessário estudar a rua, perceber o fluxo e não o interromper.

Por outro lado, Hanói também tinha seus espaços de paz. Observei, sentada no banco de uma praça, a forma como os moradores ocupavam as praças da cidade para realizar diferentes atividades coletivas. Notei jovens ensaiando coreografias para festivais folclóricos e mulheres da terceira idade fazendo exercícios e alongamentos, além de rodas de massagem coletivas.

Assim como na Tailândia, vietnamitas também utilizam as calçadas como parte integrante de suas rotinas. É nelas que eles lavam as verduras e as carnes cruas para cozinhar, cortam o cabelo, reparam as motos; é também onde as crianças brincam. Gatos e galinhas convivem em harmonia nas calçadas.

Um pouco da sua culinária

Caminhando pelas ruas e observando os cardápios de restaurantes locais, pude observar que dois pratos típicos do Vietnã são o *Bun Cha* (macarrão aletria, carne de porco, que pode vir moída ou grelhada, e um caldo de peixe e açúcar, com legumes e coentro) e o *Hot Pot*, de origem chinesa e servido em uma panela com água fervendo no centro da mesa e com todos os ingredientes cozidos ali na mesa, podendo conter carnes, verduras, cogumelos, bolinhos de ovo ou frutos do mar.

DESBRAVANDO A COSTA

Depois de três dias intensos em Hanói, era hora de seguir viagem. Meu próximo destino era Sapa, uma cidade no extremo norte do país, a mais de 300 km de Hanói, quase na divisa com a China. A região é conhecida por suas grandiosas montanhas que contrastam com os majestosos vales e fotogênicos terraços de arroz. É também onde vive cerca de nove minorias das 54 etnias que habitam o país. O grupo Kinh prevalece em quase todo o Vietnã, mas em Sapa a maioria pertence aos Hmong.

Minha chegada à cidade não foi nada fácil. Achei que perderia meu ônibus para Sapa por um erro no transporte entre o albergue e o terminal rodoviário.

Nessa hora, senti a voz da minha prima Belle novamente: "pode parecer que não, mas na Ásia tudo dá certo no final, mesmo que funcionando em uma lógica diferente". Eu sabia que, no final, eu estaria em Sapa. Mas era difícil confiar nesse sentimento durante o desespero. E deu.

SAPA

Então, cheguei à mística cidade em um dia chuvoso. Além do frio da manhã, a névoa cobria quase toda a paisagem. Fiquei triste pensando que o tempo talvez não abrisse durante os meus breves dois dias na cidade.

Assim que desci do ônibus, procurei um táxi que pudesse me levar até o albergue. Dessa vez, a minha hospedagem se diferenciava fortemente de tudo que já havia vivenciado até então: a Miku Chill House era um albergue, mas que se intitulava *guesthouse*, ou seja, "casa de visitas". A casa era de uma família local que adaptou seu espaço para receber viajantes. A moradia ficava no alto de uma montanha, com vista privilegiada para os terraços de arroz e para as exuberantes montanhas da região.

A pequena casa de madeira contava com um sótão sem paredes, onde os mochileiros dormiam cada um em um colchão, espalhados com distanciamento de um metro, espaço suficiente para dispor os pertences pessoais. Já a família dormia em um quarto improvisado na área debaixo, próxima à sala e à cozinha, também sem a presença de portas que separassem o ambiente, apenas cortinas.

Por conta do mau tempo e do cansaço acumulado, passei o dia todo dormindo e escrevendo, sem muita vontade de socializar com os demais.

Foi quando tive a minha primeira crise.

Duvidei da minha capacidade de dar conta e mergulhar com força nessa jornada. Comecei a questionar a minha decisão de passar cinco meses naquele

Álbum de fotos de Sapa

continente tão distante da minha realidade, vivendo uma rotina radicalmente oposta a que eu estava acostumada.

Escrevi durante todo o dia e torci para que no dia seguinte o sol aparecesse e eu pudesse fazer uma das trilhas para explorar o local.

À noite, durante o jantar em família, já me sentia melhor. Quando eu poderia me imaginar em um chalé, no alto de uma montanha no Vietnã, compartilhando uma refeição com jovens do mundo inteiro e com uma família local?

Estava muito grata e o sentimento de angústia deu lugar à emoção de pertencimento.

O jantar oferecido pela família era regado a comidas típicas e contava com todos visitantes (que eram no máximo 10) sentados à mesa. Por isso eles chamavam de "jantar em família", como um diferencial da sua acomodação. Os alimentos frescos eram orgânicos e plantados na região.

Depois da chuva, sempre vem o sol

A tristeza tinha ido embora e a angústia tinha dado lugar a um sentimento de inquietude, um desejo de explorar Sapa e decidi participar da trilha da manhã, com duas italianas e um casal vietnamita.

Nossa guia se chamava Man, ela tinha em torno de cinquenta anos e falava um inglês admirável.

Ela nos contou curiosidades sobre as vilas que habitam Sapa. Segundo ela, os homens são encarregados de ir até o alto das montanhas, entrar nas florestas e cortar a madeira que será utilizada nas construções das casas e para esquentar os lares. "Geralmente, são apenas os homens que fazem isso, mas eu sou forte, eu consigo fazer o mesmo trabalho, às vezes, eu vou com o meu filho para ajudá-lo a trazer os troncos", contou orgulhosa.

O resto do trabalho era feito pelas mulheres: guias turísticos, artesanato, comida, cuidar dos filhos, colher e cuidar das plantações, fazer o tingimento natural de tecidos, entre outros trabalhos manuais e braçais.

Ao longo da nossa trilha, outras mulheres locais nos acompanharam: elas nos ajudavam nas partes difíceis do trajeto, conversavam conosco, sinalizavam plantas exóticas, mostravam como descascar certos grãos e colhiam legumes.

Os búfalos d'água, também conhecidos como búfalos asiáticos, estavam por todas as partes do trajeto. Eles ajudavam com os trabalhos pesados da colheita e com o preparo do solo para novas plantações e, por isso, são considerados animais que foram domesticados ao longo dos anos para "ajudar" os seres humanos.

Man era carismática e comunicativa, ela explicou detalhes da região, local de seu nascimento. Apesar de simples, Man dizia ter tudo o que ela precisava para viver nela.

Economia local

O arroz, cultivado em terraços, é a principal fonte de renda da maior parte dos moradores de Sapa. Milhares de plantações culminam em

Man era carismática e comunicativa

uma única colheita, uma vez ao ano, e todos os moradores das vilas se mobilizam para fazer os estoques que irão durar cerca de um ano.

O milho também faz parte da economia local, com verduras, grãos e frutas. O índigo, planta que tinge naturalmente tecidos, também é explorado para produzir e comercializar peças de roupa na região. A flor de cannabis, que cresce abundantemente, é usada para medicar animais e pessoas.

O passeio foi uma verdadeira aventura. Durou o dia inteiro e, a cada momento, me sentia mais pertencente àquela comunidade rural tão cheia de vida, onde tudo em que se colocava as mãos era transformado em algo novo: fosse no artesanato, nos cultivos ou nas roupas tingidas de índigo. Era possível sentir a união entre os moradores, mesmo que de diferentes etnias, todos falavam uma mesma linguagem, sem necessariamente falar um mesmo idioma.

Terminamos o passeio de volta à casa de Miku e, na tarde do dia seguinte, peguei o ônibus de volta para Hanói.

HA LONG BAY

A Baía de Ha Long era a minha próxima parada no Vietnã. Ela fica na costa leste do país, conhecida por abrigar quase duas mil ilhotas de calcário que se elevam das águas. A maioria não é habitada, mas muitos locais vivem em casas-barco na região. Elas são mais baratas que as casas no continente e permitem que os moradores saiam em pequenos barcos de madeira para vender produtos para os turistas, que se hospedam em grandes barcos nos dias que visitam a baía.

O lugar é maravilhoso, diferente de tudo o que eu já havia visto. E, durante os dois dias de passeio pudemos mergulhar nas praias de diferentes ilhotas e contemplar o pôr do sol do barco. Conheci pessoas maravilhosas, do mundo inteiro, que dividiram esses breves dias comigo: um casal recém-casado, sendo que ele era inglês e ela tailandesa; três amigas espanholas; duas

Álbum de fotos de Ha Long Bay

amigas irlandesas; um casal norte-americano; além do maravilhoso e divertidíssimo guia vietnamita.

Quando estava no ônibus, voltando de Ha Long, terminei de ler o livro *Kitchen*, da autora japonesa Banana Yoshimoto.

O último trecho do livro fez muito sentido com o momento que eu vivia: "o fluxo do tempo é algo que não posso parar. Eu não tenho escolha. Uma caravana pára e outra começa a andar. Há pessoas que ainda não conheci, outras que nunca mais verei. Pessoas que se foram antes que eu percebesse, pessoas que estão apenas passando. E eu devo continuar vivendo com o rio que flui diante dos meus olhos".

Neste momento, olhei para fora do ônibus e as três amigas espanholas estavam se despedindo da calçada, já haviam chegado ao seu hotel e tinham acabado de descer do veículo. Uma delas, a mais fechada, tinha me parecido uma daquelas pessoas ranzinzas que não dão abertura para nada. E eu respeitei seu espaço, mesmo extremamente curiosa por dentro para saber qual seria sua história e o que poderia ter acontecido para que ela fosse daquele jeito.

Quando acenei para ela, para me despedir, do lado de dentro da janela, ela sorriu para mim. Eu não havia visto um gesto carinhoso seu ainda. Me emocionei, "é possível que eu nunca mais, em toda a minha vida, volte a vê-las", pensei e fechei meu livro.

PARQUE NACIONAL DE PHONG NHA

A próxima parada foi o Parque Nacional Phong Nha-Ke Bang, Patrimônio Mundial Natural da UNESCO. A região é rica em formações de calcário de 400 milhões de anos e está repleta de cavernas e de rios subterrâneos; a cada ano, cerca de 50 novas cavernas são descobertas.

Inclusive, foi lá que a maior caverna do mundo foi encontrada por um homem local enquanto caçava tigres. O homem ainda vive na região e está disposto a conversar com turistas que apareçam em seu albergue para se hospedar ou para provar o café local feito pela sua esposa.

A *Son Doong* tem nove quilômetros de extensão, 200 metros de largura e 150 metros de altura. Apesar de ter sido descoberta em 1991, ela só foi aberta ao turismo em 2009 e o acesso ainda é extremamente caro e limitado. Cerca de 200 pessoas a visitam por ano, pagando em torno de US$ 3 mil por pessoa para participar de uma expedição que dura cinco dias, em que se acampa dentro do local. Além disso, a entrada na caverna é feita somente por rapel.

O paraíso das cavernas

Enquanto estive na região de Phong Nha, um dos guias me contou que, recentemente, descobriram uma caverna ainda maior, a 2 km de distância da *Son Doong*, mas que essa informação não deve ser tão divulgada nos próximos anos, já que eles ainda desejam explorar economicamente a *Son Doong* por um tempo.

No meu primeiro dia ali, pude conhecer algumas fazendas, provar comidas típicas, como arroz com molho agridoce de amendoim local, além de assistir ao pôr do sol em um terreno batido, perto de um criadouro de javalis, com dois mochileiros ingleses que havia conhecido naquele dia e, um deles, me levou de carona na garupa de sua moto.

Depois de assistir ao pôr do sol, voltamos à noite para o nosso hostel. Era a primeira vez que eu andava em uma moto no meio da estrada, em meio às florestas e às fazendas, passando por entre as vilas de casas do campo.

Nesse momento, senti a liberdade pulsar dentro de mim, com o vento acariciando a minha pele e o céu estrelado me abraçando. Eu estava feliz e agradeci.

No dia seguinte, fiz uma expedição para duas cavernas e para a região denominada DMZ ou Zona Desmilitarizada, ponto que foi estratégico durante a Guerra do Vietnã por representar a linha divisória entre Norte e Sul.

O Parque Nacional de Phong Nha abriga a segunda maior biodiversidade do sudeste asiático e, apesar de conter cavernas e formações rochosas de milhões de anos e uma natureza exuberante, o turismo local ainda é recente. E o guia que esteve comigo apontou algumas curiosidades sobre a área. Ele contou que a maioria das cavernas só foi aberta ao público entre 2005 e 2009.

Antes da UNESCO determinar que o parque seria patrimônio mundial, os moradores exploravam e se beneficiavam economicamente do território: mineravam, caçavam e extraíam madeira das florestas. Por conta disso, a maioria das pessoas locais teve sua vida diretamente impactada quando foi proibido mexer na área preservada.

Contudo, alguns continuaram com a caça e com a mineração, pois eram suas maiores fontes de renda, apesar da maioria ter sido presa por continuar com a prática.

Hotéis e novos empreendimentos surgiram na cidade depois do aumento do turismo e, muitos deles, optaram por contratar somente pessoas locais para trabalhar, de modo a promover empregos e fazer a economia local circular novamente.

Por ser estreita e dividir o país ao meio, a região de Phong Nha era um ponto estratégico e foi fortemente bombardeado pelos Estados Unidos durante a Guerra do Vietnã. Ao jogar bombas em toda a área, eles conseguiam impedir a comunicação entre Norte e Sul. Segundo o guia, Phong Nha recebeu mais bombas do que todas as usadas durante a Segunda Guerra Mundial.

Os EUA também atacaram o Vietnã com químicos que destruíram as plantações, deixando o solo infértil para futuros cultivos, dentre os quais o "agente laranja" foi o mais conhecido. Isso tornava muito difícil a sobrevivência no país, forçando as pessoas a saírem da região e a buscarem outros lugares para viver.

Quarenta anos depois, milhares de pessoas do país ainda nascem com deformidades, câncer ou problemas neurológicos, como efeitos do contato com o químico do solo ou com o peixe que consomem.

Continuando o passeio, passamos pela Highway 20 ou Estrada da Vitória, que faz parte da Trilha Ho Chi Minh, ligação estratégica entre Norte e Sul, passando pelo Laos e pelo Camboja. Ela surgiu como alternativa para o bloqueio feito pelo exército norte-americano na passagem entre os dois extremos do país. O nome foi escolhido em homenagem a oito jovens que morreram aos vinte anos dentro de uma caverna bloqueada por desabamentos. Eles trabalhavam diariamente para reconstruir a estrada que era bombardeada quase todos os dias.

Perguntei ao guia se ele tinha algum ressentimento com a França ou com Estados Unidos, por conta das duas guerras provocadas pelas potências em seu país, e ele me respondeu que "a raiva é com o governo desses países, não com o seu povo. Quem tem culpa dessas guerras são os homens de poder, são eles que obrigavam seus cidadãos a virem até aqui e causarem essas atrocidades".

Ele também comentou que muitos soldados norte-americanos eram socorridos por vietnamitas, que frequentemente se ajudavam e até se tornavam amigos, já que, muitas vezes, nenhum dos dois queria estar naquela situação.

HOI AN

No dia seguinte, peguei o ônibus para Hoi An, cidade histórica e muito charmosa na costa sul do país. Por conta de sua posição estratégica próxima ao mar e ao rio Thu Bo, onde se desenvolveu um dos maiores portos no século XVI, a cidade foi colonizada pelos comerciantes japoneses, holandeses, chineses e indianos que enxergaram o potencial geográfico da região. A cidade ficou conhecida pela exportação de seus artesanatos, como produtos feitos de sedas e objetos de cerâmica. Em 1999, ela foi decretada como Patrimônio Mundial da UNESCO.

Luzes coloridas, bicicletas, pontes de arquitetura colonial, sobrados antigos. O centro histórico da cidade é cinematográfico e, por isso, é um dos lugares mais procurados pelos turistas. As casas mercantis japonesas, os templos budistas chineses e os antigos depósitos de chá estão preservados até hoje e abertos para visitação.

Álbum de fotos de Hoi An

Aluguei uma bicicleta e percorri a cidade toda durante os três dias em que estive por lá. Apesar do caos das motos, eles respeitavam quem estivesse de bicicleta, ao contrário do trânsito caótico de Hanói.

Hoi An também é conhecida pelas lanternas estampadas feitas de seda que enfeitam a cidade de dia e de noite, e pelos barcos de papel que levam velas pelo rio, como parte de uma tradição em que as pessoas fazem pedidos.

Em Hoi An provei uma das melhores comidas da viagem: o Cao Lau (prato típico dessa região à base de macarrão de arroz com espessura grossa, acompanhado de um caldo de carne ou de verduras com brotos de feijão, salsinha, limão e pimenta).

Percorrendo os vilarejos

No meu último dia na cidade, resolvi fazer um passeio que durava a tarde toda. O albergue promovia esse passeio semanalmente, que era conduzido por dois estudantes vietnamitas. Eles aproveitavam a experiência para praticar o inglês e mostrar partes menos conhecidas da cidade. Eles vinham de moto desde *Da Nang*, a maior cidade da região, e passavam o dia conosco.

Nhi e Phong me ensinaram muito sobre a cultura do Vietnã. Por exemplo, a palavra "templo" é usada para designar os locais sagrados dedicados para enterrar membros de uma mesma família. Cada templo recebe o sobrenome da família que está enterrada nele e quem costuma frequentá-lo são os parentes ainda vivos. Eles costumam ir até o local para rezar pelos ancestrais mortos. Já as conhecidas *"Pagodas"* do país levam este nome quando homenageiam Buda. Qualquer pessoa pode frequentá-las para rezar.

Depois de conhecer um templo, fomos até a área periférica da cidade para conhecer uma família que produz esteiras artesanais, que são como tapetes usados pelos vietnamitas para dormir e para se sentar quando comem no chão. Eles eram feitos de junco, também chamada de *cói* no Vietnã. O trabalho é feito em conjunto, entre a mãe e o pai da

Família que produz esteiras artesanais

família, usando uma mesma máquina de tecer de madeira. Delicado e preciso, o processo era feito de forma ágil e rápida pelo casal.

Saímos de lá e visitamos outra família da região. Apesar de simples, a família cuidava de vários negócios ao mesmo tempo. O principal era a venda de kits com representações de objetos desenhados e recortados no papel, como roupas, sapatos, motos, celulares, dinheiro etc. Eles faziam tudo à mão e cada membro da família era responsável por uma parte do negócio: um desenhava o objeto, o outro cortava os papéis e o terceiro pintava e dava o acabamento.

A ideia desse negócio era que a família de um falecido comprasse esse kit e queimasse esses objetos de papel. Assim, após serem queimados, eles chegariam até a outra dimensão, de modo que não faltasse nenhum bem material em sua "nova vida".

Eles acreditam que tudo que é queimado chega ao plano espiritual pela fumaça e, assim, proporciona uma vida "mais confortável" aos seus falecidos.

Outro negócio da família é um carrinho de comida que eles levam para as ruas todos os dias. A especialidade da família são as panquecas de arroz cozidas ou secas ao sol, feitas 100% em casa; desde a moagem do grão até a embalagem pronta para a venda.

Durante a visita, a avó, que tinha em torno de 80 anos, ensinou-nos cada parte do processo dessa iguaria. Apesar de não falar inglês, ela esteve com nosso grupo do começo ao fim, ensinou cada passo com delicada paciência e degustou um chá ao final da visita conosco.

Saímos da casa e andamos de bicicleta na margem do rio, ainda na zona periférica da cidade. Nossos guias nos contaram que 10% da população vietnamita vive sem religião. Nesse caso, a maioria tem seus próprios deuses. Os pescadores, por exemplo, acreditam no deus dos mares e, por isso, em seus barcos, eles pintam olhos na parte da frente, que representam o olhar atento e a proteção no oceano.

HUE

Localizada na margem do rio Song Huong-Perfume, a cidade de Hue está perto da costa. Ficou conhecida por ser a capital do Vietnã até 1945, sendo também centro político, cultural e religioso durante a dinastia Nguyen. Um dos pontos turísticos é a Cidade Imperial, uma fortaleza muralhada com palácios e jardins que foi feita como cópia da Cidade Proibida dos imperadores chineses em Pequim. Apesar do charme da cidade e da sua surpreendente tranquilidade, especialmente se comparada a outras cidades do Vietnã, a melhor parte não foi o destino, mas o caminho para chegar ali.

A Hai Van Pass, estrada que conecta Hoi An a Hue, é conhecida pela natureza exuberante e por suas curvas acentuadas. É comum que os mochileiros façam esse trajeto de moto, para ter flexibilidade no horário e parar em inúmeros pontos turísticos demarcados nesta jornada.

Quase todo o caminho fica na costa, com vista para montanhas e para o mar. Os 200 km que separam as cidades levam um dia inteiro para ser percorrido, principalmente pelas várias curvas acentuadas que desafiam o trajeto.

Mesmo sem coragem de dirigir uma moto sozinha, não deixei passar a oportunidade de viver essa experiência e contratei um *easy rider*. Algumas pessoas já tinham me contado da opção de contratar uma pessoa que faz esse passeio com você, levando o passageiro na garupa de sua moto, bem como seu mochilão. Mandei um e-mail para Cuong, um motorista que tinha levado três amigas holandesas, que conheci em Phong Nha, para agendar esse passeio com ele. Saímos cedo de Hoi An para chegar ao final da tarde em Hue. O passeio com um motorista pode custar até três vezes mais caro do que fazer esse percurso em um ônibus de viagem convencional.

Cuong não tinha mais que 1,60 m, mas dirigia com destreza uma moto relativamente pesada. Além dela, ele me aguentava na garupa com minhas duas mochilas que, juntas, pesavam mais de 20 kg.

Ele dominava bem o inglês e me contou que trabalha como *easy rider* desde os 14 anos de idade (nos países do sudeste asiático é normal que as crianças dirijam motos). "A melhor parte dessa profissão é conhecer pessoas do mundo inteiro e descobrir novas culturas", contou orgulhoso.

Quando paramos para almoçar, questionei Cuong sobre o Partido Comunista. "Assim como a maioria, eu não gosto. Eles já estão no poder há anos e não sentimos melhorias. Nós não temos liberdade de escolha, não podemos eleger outro partido no período de eleição e isso é muito triste. Além de tudo, o governo é corrupto; eles são marionetes do governo chinês, que dá ordens e dinheiro para nosso país. É por isso que boa parte do país está sendo destruída, por essa exploração chinesa em nosso território. Eles vão tirar todas as nossas riquezas naturais", desabafou indignado.

Depois do almoço, entramos em uma cachoeira escondida, em uma pequena saída da estrada. Foi maravilhoso entrar em uma água tão pura depois de tanto tempo. Ficamos lá nadando e, quando voltamos para a estrada, os dois estavam mais alegres e dispostos depois do mergulho gelado. Chegamos em Hue pouco antes das quatro da tarde. Fiquei sensibilizada ao me despedir dele, pois era um homem incrível que marcou minha estadia no Vietnã. Resolvi lhe entregar uma fitinha do Senhor do Bonfim que tinha levado para presentear algumas pessoas durante a viagem e ele se emocionou com o gesto.

Passei dois dias em Hue. Um dos lugares mais emblemáticos que eu visitei foi o templo Thien Mu Pagoda, fundado no século XVII, que além de lindo estava em meio a uma floresta e com uma linda e ampla vista para o rio. Era possível contemplar em silêncio e tranquilidade cada um de seus espaços e me senti em estado meditativo do início ao fim da visita.

Voltei para Hanói e visitei o Museu da Mulher Vietnamita, que mostrava a força e a coragem das mulheres no país. Dividido em quatro andares, era um grande acervo com fotos e relatos de mulheres que fizeram a diferença nas guerras que marcaram a história do país. O museu também exemplifica como os costumes são praticados de forma diferente em cada região, como as cerimônias de casamento, que variam de acordo com a etnia da população.

Quando saí do local, comprovei o que havia sentido desde a minha estadia em Sapa: as mulheres vietnamitas são muito fortes e trabalham exaustivamente. Muitas delas deixam suas famílias no campo e vão para as grandes cidades para ganhar dinheiro e enviar para seus maridos e filhos, que cuidam de plantios nas áreas rurais. Fiquei fascinada pela coragem, determinação e força dessas mulheres e espero um dia voltar ao país para realizar um trabalho nessa área.

No Vietnã, é comum que as pessoas tenham seu próprio negócio, mesmo que seja uma lojinha ou um carro de comidas, mas eles não fazem disso uma rotina maçante. Estão sempre conversando e rindo com amigos e família de forma leve e isso impressiona o olhar desavisado e ocidental de quem cresceu em uma das cidades mais agitadas do mundo. Internalizei que esse jeito vietnamita de levar a vida deveria ser o padrão e não a exceção. A autenticidade do país é o que eu vou levar comigo.

O que senti do contexto histórico e político do país

Ao contrário da Tailândia, onde as ruas eram lotadas de cartazes em homenagem ao recém-falecido rei, no Vietnã os cartazes eram propagandas ao Partido Comunista do Vietnã. O PCV é o único partido do país desde 1930, quando foi fundado pelo líder revolucionário Ho Chi Minh. Hoje o partido assume papel central em todas as esferas da sociedade, controlando desde organizações estaduais até a imprensa do país. Toda a mídia, assim como o setor de comunicações, é controlada pelo governo.

A figura de Ho Chi Minh era vista em fotografias espalhadas nas paredes de incontáveis estabelecimentos comerciais. Em pôsteres, porta-retratos, quadros, em distintas formas e tamanhos.

O rosto de Ho Chi Minh também estampa as notas de dinheiro. Ele é considerado a figura decisiva da Guerra da Indochina, que culminou no fim da invasão francesa no país. Ho Chi Minh chegou a participar da Guerra do Vietnã, defendendo a unificação do país, mas morreu em 1969. Em 1975, com o fim da guerra com os Estados Unidos, Saigon, a antiga capital do sul, foi rebatizada com o nome de Ho Chi Minh.

Visitei seu mausoléu enquanto estive em Hanói. Seu corpo foi embalsamado e segue intacto dentro de um aquário, que recebe milhares de pessoas todas as semanas.

CAPÍTULO 03

SIMPLESMENTE NEPAL

Acordar para quem você é requer
desapego de quem você imagina ser.
Alan Watts

• 1 mês e 10 dias de viagem

Dormi uma noite em Katmandu antes de ir para a fazenda orgânica onde eu faria o meu segundo trabalho voluntário, também pelo Workaway. Quando saí do aeroporto internacional de Bangkok, não imaginava que o aeroporto da capital nepalesa pudesse ser surpreendentemente mais simples e com menor infraestrutura quando comparado ao primeiro – eu realmente sabia pouquíssimo da precária situação socioeconômica do país.

Ao deixar a área de desembarque, fui do lado de fora do aeroporto e avistei pequenos carros antigos e pouco preservados, amassados, alguns sem janelas, e todos coloridos, cada um de uma cor; eram os táxis. Com o inglês que os funcionários do aeroporto puderam improvisar, eles me orientaram a pegar o primeiro carro da fila e que ele poderia me levar ao albergue onde eu me hospedaria por uma noite.

Entrei no veículo, que estava sujo, com tapetes velhos deixados em cima do banco traseiro. No retrovisor, observei colares de miçangas coloridas que faziam ruídos sutis ao se tocarem cada vez que o carro passava por algum buraco ou lombada. Ao contrário da Tailândia, a direção do motorista no Nepal é igual à nossa no Brasil, ao lado esquerdo.

Ao longo do percurso até o hostel, sentia-me em uma mistura de filme e sonho, flutuando entre realidade e devaneio. Era difícil dizer o que realmente estava vivendo naquele momento, mas era mágico e me transbordava por completo. Em poucos minutos me conectei com aquele lugar, que tão pouco conhecia, mas que já parecia fazer parte de minha história há muitos anos. "Que loucura", pensei.

De dentro do táxi, tudo o que eu via ao meu entorno, pelo enquadramento da janela embaçada do veículo, não se parecia com nada que eu já tivesse visto antes. As ruas da cidade eram de terra e isso levava a poeira para cima a todo momento, tampando parcialmente a visão, o que atrapalhava a minha curiosidade insistente de decifrar o local. Era noite e não tinha qualquer iluminação nas ruas, tudo o que eu enxergava dependia do fraco farol que saía do carro.

Cães e gatos passavam o tempo todo pelas negras ruas sem luz, que também não contavam com faixas de pedestre e nem marcações no chão sinalizando as vias de mão dupla. As mulheres que passavam vestiam sáris de cores frias, tons fechados de vermelho e de verde musgo, o que me fez recordar das imagens que já tinha visto algumas vezes das suas vizinhas indianas.

Além disso, por ser um dos países mais montanhosos do mundo, foi inevitável sentir o clima seco e frio ao chegar lá. E isso me acolheu por completo. Sentia-me em casa e não sabia explicar o porquê. Só me entreguei à estranha sensação de estar voltando a um lar que tinha abandonado. A brisa gelada também me instigava depois de mais de um mês no clima úmido e abafado da Tailândia e do Vietnã. A névoa era minha melhor companhia nesse percurso.

Então o motorista ligou o rádio e permitiu que tocasse uma música tradicional nepalesa, protagonizada pela voz aguda e potente de uma mulher. Arrepiei quando senti suas primeiras notas percorrerem o meu corpo. Que tipo de música mística era aquela? Comovi-me com o sutil arranjo que me recordara um mantra e guardei o som no coração, agradecendo.

Cruzamos pequenas ruelas estreitas, entre um sobe e desce constante, o que me levava a pensar que o carro cairia a qualquer momento já que definitivamente ele não parecia estável e muito menos em um lugar seguro.

Passamos por casas que pareciam feitas de papel. Eram pequenos e simétricos sobrados em tons terrosos como os de uma maquete, contrastados a casas maiores, mais estruturadas, de três andares, que dividiam o mesmo quarteirão. Observava instigada e atônita uma desigualdade social discrepante estampada na minha frente.

Então, avistei um templo hindu, onde parecia estar acontecendo uma celebração, já que eu podia escutar uma oração que eu jurava ser um canto gregoriano. Avistava velas e mais velas, mantras que ecoavam cada vez mais alto e um número relativamente alto de pessoas. Fui surpreendida por alguns macacos que transitavam o espaço sem qualquer impedimento. Então me lembrei do que já haviam me alertado: os templos de Katmandu são conhecidos por serem morada de macacos da região. É normal testemunhá-los brigando com cachorros de rua ou até roubando pertences dos visitantes mais distraídos.

Aterrei do sonho quando o motorista me sinalizou que estava perdido. E me desesperei quando percebi que o taxista não sabia se comunicar muito bem em inglês. Mas tentei me manter centrada e focar que "tudo daria certo no fim".

Paramos em um dos únicos restaurantes abertos (apesar de ser uma sexta-feira, às oito da noite) e pedimos direções para um dos funcionários. Ele resolveu entrar no táxi para nos orientar, já que dizia que estávamos bem perto do local.

Confesso que tive medo dessa atitude. Eram dois homens conversando em uma língua estranha, em uma cidade estranha, à noite. Se eles quisessem me levar para algum lugar desconhecido, eles poderiam, sem qualquer impedimento. Se quisessem agir de má índole comigo, eu não sei o que faria para escapar. Então voltei a rezar e a confiar que estava segura e que sairia tranquila dessa situação.

Em menos de cinco minutos chegamos ao albergue e eu não contive o meu alívio e a minha alegria.

Álbum de fotos de Katmandu

A JORNADA PARA O TRABALHO VOLUNTÁRIO

Acordei cedo no dia seguinte e caminhei cerca de 15 minutos até a avenida principal para pegar um táxi que me levaria até a estação de ônibus. Ali, pegaria um ônibus local até a vila de Jugekhola, onde ficava a fazenda do trabalho voluntário, há poucos quilômetros de Katmandu. Fazer esse percurso poderia parecer tranquilo não fosse a dificuldade em me comunicar em inglês ou de entender os sinais e as placas em um idioma que eu desconhecia. E, juntamente a isso, não ter acesso à internet.

Cheguei em Kalanki, a rodoviária local de onde saíam os ônibus de Katmandu para Pokhara, cidade há 200 km da capital e de onde muitos turistas saem para fazer trilhas na cordilheira do Himalaia. A cidade próxima à fazenda onde eu ficaria estava há cerca de 15 km nessa direção, mas com uma estrada profundamente esburacada e pouco asfaltada, o percurso poderia durar mais de uma hora.

Além disso, fiquei surpresa ao perceber que não havia uma rodoviária propriamente dita. Isso é, não havia um galpão ou uma sede de onde saíam os veículos: eram vários ônibus enfileirados no meio de uma larga avenida e os cobradores ficavam pendurados na porta, gritando o destino daquele ônibus para que as pessoas entrassem. Na capital nepalesa é comum que os cobradores fiquem de pé na entrada do ônibus com a porta aberta durante todo o trajeto. Eu pensava que eles fossem cair de lá a qualquer momento, principalmente por conta da estrada cheia de curvas e de terra, e pelos vários veículos que andavam na contramão. Mas, justamente pelas estradas precárias, os ônibus não podiam acelerar tanto e isso melhorava em parte a situação desses trabalhadores.

Por ser estrangeira, o cobrador me cobrou mais do que o bilhete realmente custava. Eu deveria ter pago R$ 1,20, mas paguei R$ 5 para fazer a viagem. Entendi que pagaria a mais por coisas básicas por ser turista, mas agradeci por ter escolhido essa via que, apesar dos percalços, ainda eram mais em conta do que um ônibus turístico próprio para os gringos que visitam o país e fazem esse trajeto em que o bilhete pode custar até R$ 15. Claro que não deixa de ter um ótimo custo-benefício, mas para quem viaja mochilando, cada centavo conta.

Os ônibus locais, tanto os que pegam a estrada quanto os que circulam pela capital, são coloridos, cheios de enfeites na parte interna – os próprios motoristas decoram. Do lado de fora eles são rosas e, por dentro, cheios de estampa nas cadeiras, luzes e enfeites pendurados e, às vezes, até oferecem uma televisão que costuma passar videoclipes de músicas pop nepalesas e indianas.

Conforme combinamos, o cobrador me avisou quando chegou o momento de descer, ao chegar em Jugekhola. Mas não encontrei Krishna, o pai da família de onde eu iria me hospedar e que deveria estar me esperando na entrada da vila, na estrada. Dois homens que haviam descido comigo do ônibus e trocado algumas palavras com o cobrador me chamaram para perto deles e insinuaram que poderiam me ajudar. Eu disse que a melhor forma de me ajudar seria me emprestando seu celular, já que eu tinha o telefone de Krishna anotado, mas não tinha acesso à rede telefônica e nem internet pelo meu celular. Eles fizeram parecer que me ajudariam caso eu seguisse com eles. Minha intuição foi clara: não vá com eles. Nem que você tenha que ficar sozinha aqui no meio da estrada, mas fique sozinha que tudo se resolverá.

Era difícil pensar que tudo daria certo estando em um país onde não era fácil me comunicar com as pessoas; pelo menos não através das palavras e com dois homens que não paravam de me olhar e tentar controlar meus próximos passos, mas me mantive positiva.

Entrei em uma pequena loja de verduras e frutas, o único local que poderia ter alguém no meio da estrada e pedi ajuda para as duas mulheres que estavam ali trabalhando. Elas não falavam inglês e eu tentava me comunicar com gestos e repetia a palavra Jugekhola de forma lenta, mas nada parecia adiantar.

Um menino – ou melhor, um anjo que surgiu em meu caminho e que não deveria ter mais de dez anos –, filho de uma das comerciantes, improvisou seu melhor inglês e se esforçou para me ajudar. Eu disse que tinha o telefone de Krishna anotado e pedi para usar o telefone para localizá-lo, pois meu celular não tinha o *chip* local para fazer ligação. Elas ficaram um pouco receosas, mas cederam depois de um tempo ao notarem meu desespero. Depois de cerca de 20 minutos, que pareceram uma eternidade, conseguimos falar com ele e entendemos que eu estava na vila errada, e que deveria pegar outro ônibus para voltar cerca de três quilômetros até Jugekhola. Agradeci a bondade das mulheres e do menino e subi no ônibus depois de cerca de 30 minutos, quando ele chegou no local.

Quando o motorista me deu o sinal para descer (as comerciantes haviam explicado para ele onde era a minha parada), Krishna estava me esperando com a filha Garima, de 11 anos, no ponto de ônibus. Na hora que desci, fotografei com o coração a imagem que vi: o olhar sorridente dos dois que acompanhavam um sorriso ainda mais simpático florescendo de seus lábios que, juntos, perguntavam se eu era Nicole. A alma pura dos dois se deixou transpassar e eu me entreguei de amor no primeiro momento. Com a alma aquecida, estava aliviada de tê-los encontrado e de perceber que estava tudo bem, que tudo havia dado certo no fim, como eu tanto mentalizava.

Garima tinha olhos grandes, escuros e brilhantes, sorriso sincero e cabelo farto, encaracolado e cheio de vida, preso em um coque pouco arrumado, mas que se encaixava perfeitamente ao seu rosto e jeito espontâneo e meigo. Ela era só luz.

Krishna tinha cerca de 50 anos, mas aparentava mais, uma vez que não tinha quase nenhum dente em sua boca. Ele também era bem magro. Ambos tinham sotaque indiano quando falavam inglês e eu adorava escutar. Por exemplo, eles puxavam o som do "érre" no céu da boca e do "éle" em todas as palavras.

Eles então me levaram para tomar um chá, o tradicional *masala tea*, que era parte da rotina diária deles. Este chá é feito a partir das folhas de masala, uma especiaria indiana, com bastante açúcar, um pouco de gengibre e leite.

Apesar do calor de mais de trinta graus, eles costumam tomar o chá bem quente. No começo, eu estranhei esse hábito e tomava apenas quando a bebida estava morna. Depois de alguns dias, eu me adaptei e passei a apreciar os momentos de chá, especialmente quando sua temperatura chegava a queimar a língua, por mais estranho que isso possa parecer.

Cada um tem a vista da montanha que sobe
Garima não parava de conversar comigo e puxar assuntos diversos. O pai orgulhoso dizia que ela adorava receber voluntários e que, além de praticar o inglês, ela sentia que eles eram como seus irmãos. Ela me disse que estava muito feliz em ter a minha companhia durante o período do Dashain, o festival mais longo e um dos mais celebrados no país. Ela comentou o quanto brincaríamos juntas e ela me ensinaria todos os costumes adotados durante o período do festival.

Quando terminamos o chá, subimos o morro íngreme que levava até a casa da família Poudel. O sol estava forte e eu tinha dois mochilões comigo. Krishna, que parecia fraco por conta de sua magra estrutura, provou-me o contrário. Ele pegou uma das bagagens e me ajudou a subir com admirável agilidade.

Garima ficou atrás comigo, respeitando meu ritmo mais lento e falando sem parar. Ela me disse que seu pai era o "Super Krishna" e que, apesar de parecer magro, ele conseguia subir aquele morro todos os dias, mais de uma vez, carregando muitos e muitos quilos de alimentos. Ela também dizia que a sua casa ficava no paraíso, com uma linda vista para as montanhas, rodeada de animais, de árvores frutíferas, alimentos orgânicos e com a brisa perfeita do vento, que não deixava que a temperatura fosse nem quente e nem fria demais.

Chegamos perto da casa e avistei uma árvore enorme, exuberante. Os dois me contaram que era a mesma espécie de árvore da qual Buda se iluminou. E Krishna disse que era um ótimo lugar para meditar, "quem sabe você também se ilumina?", brincou sorrido e Garima completou dizendo que adorava brincar no local com as demais crianças da vila.

Álbum de fotos da fazenda orgânica

Garima e Krishna na fazenda. Krishna segura seu copo de metal onde tomava seu chá todos os dias.

Andamos mais um pouco até a casa e avistei a incrível paisagem das montanhas e das plantações de arroz em terraços, uma técnica própria do país e que mantém o solo em escadas para que a água atinja todos os níveis do cultivo. Passamos também pelas plantações de cannabis, que crescem como ervas daninha nesta região, e pelas plantações de milho, que já estavam secas após o período da colheita.

Conheci os animais da fazenda: vaca, búfalo, cabras, galinhas. E então chegamos à casa. O banheiro era ao ar livre, uma pequena cabine feita de madeira e de bambu com teto de lata e com um buraco no chão; a descarga era feita por um balde de água com um pequeno copo dentro que permitia jogar o líquido e levar as fezes embora . Para tomar banho, era necessário usar os mesmos baldes de água, em um compartimento ao lado; não tinha chuveiro.

Apesar de ter ficado um pouco surpresa e receosa com a condição de vida que a família se encontrava, quando conheci melhor a história deles, tudo fez mais sentido e, aos poucos, me acostumei tranquilamente com aquele estilo de vida.

A trágica história da família Poudel

Eles sempre moraram nessa fazenda, mas, antigamente, tinham uma casa estruturada, feita de tijolos e de cimento, com três andares, espaço para guardar as cabras e quartos para dormir

Eles cultivavam uma plantação de arroz maravilhosa, irrigada pela água que vinha da nascente, no topo da montanha, e que chegava até a casa por um sistema eficiente de mangueiras e tubos. Eles viviam da venda do arroz e de outros legumes que cultivavam: couve-flor, alface, tomate e cenoura. Além disso, eles tinham uma vaca saudável que os possibilitava vender o leite aos vizinhos. As cabras ajudavam na limpeza do solo para prepará-lo cada vez que acontecia um novo cultivo.

Da água para lama

Contudo, a realidade da família mudou depois do terremoto do dia 25 de abril de 2015, de magnitude 7,8, que atingiu o Nepal e, principalmente, a região noroeste de Katmandu. Na época, Krishna e sua mulher, Lakshmi, eram professores de inglês em uma escola pública em uma vila próxima de sua casa. Eles sentiram o tremor na escola, mas não foram atingidos.

Gagan, o filho mais velho, já morava em outra cidade trabalhando em uma empresa de produtos naturais para ajudar a renda da família e não foi abalado pelo tremor. A avó Didi, mãe de Lakshmi, não estava em casa e Garima, que estava sozinha no momento do terremoto, precisou se esconder rapidamente embaixo de uma cama para se salvar.

Os vizinhos, amigos da família, sabiam que ela estava lá e gritaram seu nome para saber se ainda estava viva, pois a casa já estava desmoronando em partes. "Garima preferiu não responder, ela foi muito inteligente. Sabia que se respondesse, os vizinhos entrariam dentro da casa para salvá-la e dificilmente sairiam de lá vivos. Ela preferiu ficar quieta e esperar o tremor passar para sair, em absoluto silêncio", exaltou Krishna, orgulhoso da filha. Garima me disse que não ficou muito nervosa e que tentou manter a calma e achar um bom lugar para se proteger.

O terremoto não só derrubou a casa e acabou com todos os objetos que estavam dentro, como feriu os animais e destruiu o sistema de irrigação que levava a água da nascente até as fazendas locais. Isso prejudicou a água que era consumida pelos moradores, assim como das plantações que dependiam dela. Eles foram obrigados a tomar banho no rio durante os meses que se seguiram após o terremoto.

Segundo Krishna, o governo era o responsável por cuidar do problema, mas nenhuma ação eficaz tinha sido tomada ao longo desses dois anos (2015-2017). O governo não refez o sistema de abastecimento de água e as famílias da vila foram diretamente prejudicadas social e financeiramente pela falta de água em suas casas. Os próprios moradores deram um jeito de reconstruir um sistema provisório para captar água, mas inferior ao que eles tinham antes. O governo prestou auxílio oferecendo mensalmente arroz, sal e biscoitos para as famílias. E contribuiu para a situação dos moradores pagando a mão de obra necessária na construção de novas casas, sendo que o custo dos materiais ficou para os moradores.

A família Poudel não pôde mais plantar arroz e tampouco verduras que consumissem muita água. A renda da família foi terrivelmente abalada por este terremoto e eles precisaram tomar empréstimos para comprar novos utensílios – e passaram a depender de trabalho voluntário para reconstruir a casa, mesmo que em uma versão improvisada, provisória e mais barata.

Antes do terremoto, a família já recebia ajuda de voluntários pela organização global WWOOF, que conecta voluntários a trabalhos em fazendas orgânicas ao redor do mundo. Depois do terremoto, eles abriram o leque para voluntários de diversas organizações, para conseguir mais apoio e mão de obra na reconstrução da casa. Como eles tinham pouco dinheiro, começaram o trabalho com matéria-prima natural: barro, pedras e bambu, seguido de uma telha de lata. Em cima, pesadas pedras foram dispostas para impedir que as telhas soltas voassem com o vento, além de melhorar na vedação para a água das violentas monções sazonais.

Quase todos os quartos eram abertos, sem portas ou divisões. A única parte da casa que permaneceu intacta foi a parede do antigo "piso térreo", feita de tijolos e que, quando eu estava lá, servia para abrigar as cabras durante a noite.

Krishna deixava claro que aquilo era provisório. A ideia dele era que em dezembro de 2017, dois meses adiante da minha visita, eles já tivessem um dinheiro acumulado, com a ajuda das doações de voluntários, para construir uma casa nova. Dessa vez, apenas com piso térreo para evitar desabamento futuro. Krishna estava animado com a ideia de sua nova casa e sempre me pedia para mandar amigos que topassem voluntariar na construção de sua casa.

Tudo o que a família conseguiu depois do desabamento de 2015 se deu graças às doações de voluntários, que pagaram grande parte dos gastos, tanto da reforma quanto da compra de novos animais.

Conforme eu recordo esta história agora, em 2021, fico sabendo que a casa não apenas não foi reformada, como a família teve de morar por um tempo, no primeiro semestre deste ano, em um templo próximo ao local, pois em maio uma tempestade levou embora seu telhado provisório. A família também havia sofrido muito pelas condições precárias em 2020, durante a pandemia do novo coronavírus, e vinha lutando para se reerguer em 2021.

Uma vida na roça

Cheguei na fazenda após a colheita do milho, meados de setembro.

Ajudava cortando as plantas, arrancando as raízes do solo e descascando as espigas para deixá-las secando. Todas as suas partes eram usadas: o milho bom era separado e triturado servindo de alimento para a vaca e a búfala que tomavam o farelo misturado à água. O caule e a casca da espiga eram amarrados em uma engenhoca inteligente e usados para formar paredes nas acomodações dos animais. A espiga seca, sem o milho, ajudava a nutrir o fogo que cozinhava as refeições.

Depois da colheita do milho, era necessário limpar o solo para viabilizar o plantio do painço. Em seguida, era a vez do trigo.

Eles também cultivavam feijão-verde, melão-de-são-caetano, abóbora verde, quiabo, gengibre, alho, cebola, berinjela, espinafre, pimenta, além de inúmeras frutas, entre elas uma espécie de goiaba verde maravilhosa que comíamos todos os dias, direto do pé. Apesar da variedade, Krishna deixava claro que nenhum desses alimentos eram cultivados na mesma quantidade de antes. "A gente conseguia vender boa parte dos legumes, mas agora, como tudo aqui é orgânico, o pouco que consegue crescer mantemos para nós e para nossos animais", relatou triste certa vez.

A fazenda da família Poudel também era conhecida por usar plantas para medicina natural. Por exemplo, eles cultivavam a babosa, também conhecida como *Aloe Vera*, e comumente usada para cicatrização e hidratação da pele.

Losna, denominada *titepati* ou "presente dos deuses" por Krishna, era a erva capaz de "curar tudo", segundo o fazendeiro. Um dia fomos buscar madeira na floresta e sentamos para descansar, ele colocou a planta na minha mão e me disse que eu deveria amassá-la bem, até sair um líquido. Então, poderia colocá-lo em cima de feridas como cicatrizante ou poderia tomar junto com água para limpar meu sangue.

Ele também recomendava colocar essa planta próxima das narinas e inspirar intensamente: "isso é uma maravilha para oxigenar o cérebro, eu faço todos os dias", disse. Essa planta é conhecida para tratar febre, dor nos olhos e nas juntas.

Krishna e a mulher Lakshmi sabiam a função de cada planta que crescia na região. Uma vez, eu tive uma reação alérgica na boca e na garganta por ter comido um tipo altamente alérgico de espinafre quando ingerido cru (no meu caso, do pé na terra direto para minha boca) e Lakshmi me deu uma pasta feita da raiz de *ginseng* misturada com um cogumelo chamado *ganoderma,* muito utilizado pela medicina chinesa para aumentar a imunidade. Essa pasta era produzida pela empresa de produtos naturais onde Gagan, o filho mais velho, trabalhava.

Ao ver o meu desespero com a coceira e a ardência que só pioravam, Lakshmi me fez bochechar essa pasta misturada com água, além de colocar um pouco do resíduo na língua. Em poucos minutos a aflição e a coceira tinham dado lugar a uma sensação de alívio e bem-estar reconfortantes. Ela me contou que usava a pasta para cicatrizar feridas, curar diarreia e até para dores estomacais. Comprei uma pasta com eles que usei ao longo de toda minha viagem.

As flores das altas plantas de cannabis que cresciam na fazenda eram usadas exclusivamente para os animais. "São ótimas plantas para fazer chá e dar aos animais quando eles estão com dor de barriga. Nós não fumamos, mas é comum que outras pessoas da vila fumem", disse Krishna certa vez.

Tudo aquilo que utilizavam vinha da natureza e retornava à ela. Mas essa prática sustentável não era liderada pela sua consciência no impacto positivo para o planeta, mas pelas vantagens econômicas de tais atitudes. Um meio de aproveitar integralmente de toda e qualquer matéria-prima de modo que ela rendesse o máximo possível.

Apesar de ser uma família pobre, os Poudel eram os que estavam na "melhor" condição financeira na vila de Jugekhola se comparados a situação socioeconômica de outras famílias da região. Por isso, eles "adotavam" algumas crianças que passavam a morar com eles ao longo do ano letivo. Entre três e cinco viviam com eles e só voltavam para suas casas durante os festivais Dashain e Tihar, os mais celebrados no país e que acontecem ao final do ano, com pouco tempo de espaçamento entre um e outro.

Nessa época, as crianças ficavam cerca de um mês com suas famílias, por também coincidir com o período de férias escolares. No restante do ano, elas ficavam na fazenda já que estava próxima ao ponto dos ônibus escolares e essas crianças viviam no alto das montanhas, cerca de duas a quatro horas caminhando até chegar na estrada principal de onde sai o ônibus escolar.

Krishna e Lakshmi as conheceram quando davam aulas de inglês e, mesmo depois de se ausentarem da profissão, mantiveram contato e ofereceram sua casa para hospedá-las enquanto elas continuassem indo à escola.

Como eu cheguei dias antes do primeiro festival, o Dashain, duas crianças já tinham voltado para suas casas e eu conheci apenas uma delas, a Raci, de sete anos. Na minha primeira semana na fazenda, eu convivi com a Garima, Raci, a avó Didi e o pai Krishna. Lakshmi, a mãe, e Gagan, o filho mais velho, chegaram na segunda semana em que trabalhei lá. Eles foram passar o período do festival com a família, já que ficam o resto do tempo em outra cidade.

Raci

Assim que cheguei na fazenda, lembro de Garima subir rapidamente em uma árvore e buscar uma guava para mim (uma fruta que se parece à nossa goiaba). Ainda preocupada com a falta de higiene, decidi não comer a fruta ali; queria lavá-la primeiro. Raci apareceu correndo e sorriu acenando para mim, sem dizer nada. E Garima logo se encarregou de apresentá-la: "essa é a Raci, uma das crianças que moram com a gente para conseguir estudar. Ela não fala muito inglês, mas ela é muito engraçada".

Raci realmente era uma criança desengonçada, sempre descabelada. Ela vestia roupas que ultrapassavam os limites de seu pequeno corpo, certamente emprestadas de amigas ou irmãs mais velhas que haviam passado para ela, ignorando a incompatibilidade dos tamanhos.

Ela tentava imitar tudo que Garima fazia, como uma irmã mais nova faria. Raci tinha os olhos levemente rasgados e amendoados. Ela certamente tinha alguma descendência Xerpa em sua família, um grupo étnico que costuma viver nas regiões montanhosas do Himalaia, entre Nepal, Índia, China e Butão.

Neste primeiro dia, brincamos em meio as plantações, de olho nas cabras para que elas não fugissem enquanto limpavam o solo. À medida em que cumpriam com os deveres que os pais lhe passavam, elas

Raci tinha os olhos levemente rasgados e amendoados

brincavam e tornavam qualquer atividade mais leve. Naquele dia, ao final da tarde, Garima e eu vimos o pôr do sol juntas, enquanto ela cantava músicas em nepalês para mim. Eu só conseguia reparar nos seus olhos brilhantes, em sua pele aveludada e na deslumbrante paisagem que se formava à nossa frente.

Pouco antes de escurecer, Krishna e Didi me pediram para colher feijões-de-corda. Raci decidiu me acompanhar e foi quando pude perceber que ela era uma "verdadeira fazendeira", apesar da pouca idade.

Nunca tinha visto uma criança tão corajosa, determinada e forte. Ela me deu uma sacola velha, pegou outra para ela e correu para se enfiar por entre os arbustos. Eu, ainda nova no ambiente, estava aflita em encontrar insetos no meio do caminho e, ao contrário de Raci, não me sentia nada à vontade naquele ambiente.

Mesmo sem nos comunicarmos no mesmo idioma, ela me explicou quais tipos de feijões eu deveria pegar; os que não eram nem tão verdes e nem tão maduros, aqueles que eram a mistura perfeita de marrom com amarelo. Eu sofria para encontrar os tipos ideais, colocar na sacola, fugir de teias de aranha e não me desesperar com as abelhas gigantes. Já Raci parecia nem se importar, estava muito entretida cantando e se aventurando com tudo que surgia no meio dessa grande brincadeira.

Nos dias em que eu precisava tirar os grãos de milho da espiga, era ela quem me ajudava. Eu tentava torcer a espiga seca do milho entre as minhas mãos para descolar os grãos, mas a minha força não era suficiente. Para Raci, o trabalho era tranquilo. Ela tirava a espiga da minha mão e a torcia facilmente, com força desproporcional. Quando a noite chegava, era hora de recolher as cabras e a pequena também liderava a tarefa. Raci mostrava sua determinação e coragem, buscando cada uma das cabras e as colocando para dentro com destreza.

O dia a dia das meninas

As meninas costumavam acordar às seis da manhã para irem à escola. Por ser mais velha, Garima ajudava Raci a se trocar: ela fazia uma trança em seus cabelos, prendia as pontas dos fios com fitas coloridas e fazia um laço. Ela também dava o nó na gravata que ambas tinham que usar como parte do uniforme. Na escola particular, era exigido uniforme completo: saia, camisa, gravata, meias até os joelhos e sapato preto.

Quando estavam prontas, a avó Didi servia o café da manhã: arroz frito com semente de cominho e cúrcuma em pó. Eu também comia com elas e me deliciava com este prato, que era sempre acompanhado de um chá de masala. Depois, caminhávamos até a estrada onde elas pegavam o ônibus para o colégio. Inclusive aos sábados.

A rigidez da escola

Um dia, Garima me contou um pouco sobre a necessidade de disciplina que torna seu colégio extremamente violento. Segundo ela, o ensino público da região era precário, a ponto dos professores ministrarem bêbados, muitas vezes. Por isso, poucas pessoas na vila estudavam lá. A maioria estudava em escolas particulares, mas de custo baixo, onde a maior parte das aulas era em inglês, motivo pelo qual muitas crianças nepalesas aprendem desde cedo o idioma.

Segundo Garima, os professores eram extremamente agressivos e ríspidos, chegando a agredir fisicamente os alunos dentro da sala de aula. "Existem inúmeras punições para os alunos, por qualquer que seja o motivo. Se eles estão falando com o colega ao lado, se eles não fizeram a lição, se tiraram nota baixa, se responderam ao professor", comentou.

Os castigos mais frequentes eram: bater com uma régua de metal nas mãos ou nas costas dos alunos, torcer os dedos das mãos em um tubo de ferro e dar tapas na cara. Não pude conter minha surpresa ao ouvir esses relatos. Garima ainda contou que, apesar de ser uma aluna exemplar, ela tinha muito medo de falar qualquer coisa durante as aulas.

Às vezes, os professores a elogiavam, o que ela tomava como ironia, acreditando que em seguida eles bateriam em seu rosto. "Isso é nor-

Didi cozinhava excepcionalmente bem

mal em todas as escolas daqui, mas meus pais não eram assim. Pode perguntar para eles... quando eles davam aulas de inglês, eles eram bons para os alunos, não batiam neles, porque eles sabem respeitar e, por isso, todo mundo gostava deles. Até hoje as pessoas aqui da comunidade se referem a eles como 'professores'", complementou.

Além de estudar de segunda a sábado em período integral, as crianças também tinham que ajudar com as obrigações da fazenda, por mais que isso não fosse explicitamente falado. Mas todos os dias eu ouvia a avó berrar o nome de Garima ou de Raci para pedir alguma ajuda. Em poucos segundos, as meninas a acompanhavam levando baldes de um lado ao outro, cuidando das galinhas, colhendo alimentos, limpando o chão ou fazendo seus deveres da escola. As meninas não pareciam se importar com essa carga que lhes era imposta. Tudo que elas faziam era de forma leve, rindo, cantando, correndo atrás umas das outras e se divertindo.

A vovó Didi

Ela tinha 72 anos, mas os traços de sol que marcavam seu rosto envelheciam sua aparência. Como todos na família, ela era bem magra, com os ossos das costas aparentes e uma corcunda preponderante, que já fazia parte de sua fisionomia natural, retrato de alguém que ficou mais tempo agachada, em posição de cócoras, do que em pé. O fato é que eu mal a via em pé.

Didi estava sempre trabalhando dentro de casa, pois consideravam que ela já estava muito fraca e velha para andar pelo terreno, e que poderia facilmente se acidentar. Ela passava o dia selecionando os melhores grãos para a comida, cortava os legumes, limpava o chão da casa, preparava o fogo – tudo em posição de cócoras. O fogo ficava no chão, todos comiam no chão, tudo era feito perto da terra.

Às vezes, quando ela sentia dores nas costas, estendia uma esteira e se deitava em posição fetal. Permanecia ali por alguns minutos até a inquietude dominá-la a ponto de fazer algo novo. Ela não parava e dormia poucas horas à noite.

Ela também era praticamente surda. Todos tinham que falar gritando, o que refletia no seu alto tom de sua voz ao responder. Isso tornava hilárias qualquer conversa corriqueira com ela. Além disso, Didi entendia pouco o inglês e falava menos ainda, o que pautava a nossa comunicação por gestos, sorrisos e olhares. Ela sempre fazia piadas comigo, e eu não entendia até que viesse alguém traduzir para mim, e, então, ríamos juntas.

Certa vez, comi uma pimenta inteira que estava no meu prato achando que era a casca de um feijão-de-corda. Passei muito mal, chorava e ria ao mesmo tempo e fiquei vermelha. Enquanto Krishna e Garima se desesperaram tentando buscar algo que me aliviasse, Didi teve um ataque de riso. O picante sumiu e eu só conseguia olhar para ela e rir junto. Durante os dias que se seguiram, ela olhava para mim e fazia gestos me recordando do ocorrido e ria até se engasgar ou até perder o ar.

Além do ótimo senso de humor, Didi cozinhava excepcionalmente bem. Durante meus cinco meses de viagem, foi lá que eu comi os melhores pratos. De manhã, arroz frito com cominho e pó de cúrcuma. No almoço e no jantar, arroz branco com curry de legumes variados com cominho também, semente de masala e outros temperos. Às vezes, ela fazia o *daal,* um prato típico indiano à base de lentilhas. Esse cardápio virou o meu "arroz com feijão" e até hoje é um dos meus favoritos.

Quando fui embora da casa dos Poudel, sempre que encontrava algum prato parecido com esse no menu dos restaurantes, eu pedia, mas nenhum era tão bom quanto o da Didi. Além disso, as porções que ela servia na casa eram continentais. Apesar de extremamente magros, todos ali eram fortes e se alimentavam muito bem. Cada um recebia um prato grande e cheio, e Didi ainda insistia para repetirmos. Às vezes, eu ficava satisfeita rapidamente e Didi sempre achava que eu estava fazendo cerimônia ou que estava doente e que eu deveria comer mais.

Quando penso em Didi, meu coração rapidamente se aquece; ela era puro amor. Sua voz gralhada e estridente não sai da minha memória, seguido de um olhar acolhedor, me convidando para comer mais um prato. Infelizmente, soube que em 2019 Didi faleceu. Mas ela continua viva em cada memória que carrego comigo dos dias mágicos que compartilhei com ela.

Garima

Em meu segundo dia na casa, Garima preparou uma surpresa para mim. Disse que tinha algo me esperando em meu quarto e que ela me acompanharia até lá. Quando abri a porta, olhei para o chão e vi uma cartinha. Ela havia desenhado e escrito com canetas coloridas que me amava. Junto com a declaração, havia um lindo anel de brinquedo com uma flor que rodava como catavento ao ser assoprada. Era mágico.

Ela me abraçou e beijou minha mão, como fazia com frequência. Depois me chamou de princesa. Às vezes, ela também me chamava de irmã.

Garima cantava músicas em nepalês e em inglês

Quase todos os dias, Garima, Raci e eu descascávamos os feijões juntas enquanto assistíamos ao pôr do sol. Elas cantavam várias músicas em nepalês e em inglês, algumas até coreografadas. A que mais me marcou foi "Kutu Ma Kutu", a música pop do momento no Nepal.

Outra era uma música infantil em inglês que elas haviam aprendido na escola: *rain, rain, go away, come at another day, don't stay longer, we are suffering from hunger, it's too cold for the old*. E quando cantávamos a última palavra, elas apontavam para mim dizendo que eu era a velha que passava frio.

Divertíamo-nos com pouco e guardo esses momentos em meu coração. Não é preciso de muito para ser feliz.

Meus dias na fazenda

Tomava meus banhos de balde com água fria e ao ar livre todos os dias ao entardecer. Desde o primeiro, senti uma sensação libertadora e logo me acostumei com o hábito, apreciando a cada dia os banhos estrelados e sentindo o frescor da noite. Também adorava o ritual de escovar os dentes no escuro enquanto admirava o céu. Então dormia, por volta das oito da noite.

Parte da rotina com a família Poudel incluía assistir todos os dias à novela das seis da tarde chamada "Durga", que passava em canal aberto. O nome remete à deusa guerreira que elimina o sofrimento, no Hinduísmo. É comum que as pessoas recebam nomes de deuses e deusas dessa religião. Como é o caso do pai se chamar Krishna, deus da criação, e a mãe Lakshmi, deusa da abundância.

Todas as noites, enquanto o jantar era preparado, reuníamo-nos no pequeno e bagunçado quarto de Krishna para assistir à novela. Krishna, Garima, Raci, Didi e eu ficávamos amontoados em cima das duas camas para assistir à novela que passava em um aparelho de televisão antigo. Apesar de não compreender o que as personagens conversavam, eu adorava esse momento do dia. Lembrava-me de quando eu era criança e assistia às novelas antes de jantar. Geralmente, Didi aparecia com leite quente recém-tirado da vaca. Sentia-me parte da família e muito grata em compartilhar esse momento com eles.

Outra pessoa maravilhosa que eu conheci em Jugekhola foi a Sati, uma mulher jovem, muito forte e bem-humorada que trabalhava na casa dos Poudel. Segundo Krishna, ela era tão pobre que eles a chamavam para lavar a louça da casa e descer e subir o morro com as mercadorias que eles compravam para a fazenda, como botijão de gás, para ajudar ela e seu casal de filhos pequenos.

Sati estava sempre sorrindo e me recebia de forma acolhedora sempre que me via. Ela não falava inglês e, por isso, as únicas frases que trocávamos era um "olá" e um "obrigada", seguido de um simpático e sincero sorriso.

Álbum de fotos família Poudel

Choque cultural

A forma como eles lidavam com a higiene era completamente diferente daquilo que tomei como verdade ao longo de minha vida. Cresci com meus pais

Sati era uma mulher jovem e forte

me dizendo para não comer algo que caísse no chão, por exemplo. Ou que comer com a mão era feito, símbolo de falta de educação.

Na fazenda, a cultura era outra e essa talvez tenha sido a parte mais desafiadora dessa experiência. Garima e Raci deixavam cair balas, chocolates e frutas no chão de terra e nem se davam ao trabalho de assopra-los antes de devolvê-los à boca.

Depois de uma semana morando na fazenda, eu também havia me acostumado a não lavar as frutas antes de comê-las. Entendi o prazer e a autenticidade dos pequenos momentos e passei a imitar tudo o que as meninas faziam, buscando não julgar e nem alimentar paranoias, mas dentro dos meus limites, claro.

Quando tive coragem de comer com as mãos, abandonei os talheres por um bom tempo. Até hoje, quando me sinto à vontade, como com as mãos, sinto as texturas, lambuzo-me com molhos e me delicio com o toque – é revolucionário! Os Poudel me ensinaram uma outra forma de me relacionar com os alimentos, onde todos os sentidos são estimulados.

À noite ou durante alguma tarefa braçal, a melhor parte eram as longas e profundas conversas com Krishna, que me ensinava uma série de coisas da cultura e religião do país. Ele me contou que sua família pertencia à casta Brâmane, a casta no alto da pirâmide social hinduísta. Essa sempre foi a casta mais poderosa, que não poderia se misturar de jeito nenhum com as demais. Segundo ele, isso já foi até mais rígido: quem pertencia a esta casta não poderia, por exemplo, comprar roupas feitas por costureiros de casta inferior, pois esses profissionais haviam deslizado, por exemplo, a linha em sua língua antes de passá-la pela agulha, o que significava que tinha a saliva deles em suas roupas e elas haviam sido "contaminadas".

Contudo, até hoje o país tem "sequelas" das ordens de não poder compartilhar o mesmo transporte público e nem tomar água no mesmo copo, por exemplo. É por isso que os nepaleses têm o costume de tomar água em garrafas sem encostar a boca no bico.

Festival Nacional Dashain

Poucos dias antes de eu ir embora, deu-se início ao festival Dashain. A mãe, Lakshmi, e o irmão mais velho, Gagan, tinham chegado na fazenda um dia antes para passar o festival em família. Durante as comemorações várias práticas eram adotadas. No primeiro dia, eles comiam arroz em flocos com iogurte caseiro, feito do leite retirado da vaca, e bananas picadas em homenagem à deusa Durga. Esse era o festival em sua homenagem e todas as famílias faziam oferendas para sua imagem, além de sacrificar animais para comê-los como parte do ritual. Como a família Poudel não tinha o costume de comer carne por ser um alimento muito caro para o dia a dia, eles juntavam dinheiro o ano todo para comprar uma cabra e comê-la nos dias de festival.

Eles não comiam nenhuma cabra que fosse criada por eles na fazenda. Segundo eles, tais animais eram tratados como membros da família e seria muito difícil matá-los (elas tinham até nomes). Por isso, decidiram vender uma de suas cabras para alguém da vila e compraram outra para comer. O ritual era longo: depois da morte do animal, todos se sentavam no chão, separavam as partes, limpavam e começavam a cozinhá-lo. Eles o preparavam de três formas diferentes e a carne rendia cerca de 5 dias para 5 pessoas.

Eu já havia dito à família que as chances de eu não comer o animal eram grandes, pois era contra meus princípios e eu já era vegetariana há dois anos. No fim, acabei comendo a carne dois dias seguidos. Senti que era parte de uma experiência única e que eu deveria fazer aquilo, mesmo que nunca mais se repetisse.

Outra tradição deste festival eram os balanços. Muitos eram construídos especialmente para os dias de festa e, principalmente, para as crianças, já que eram as principais homenageadas do festival. Em vários lugares, pessoas das comunidades construíam grandes balanços de bambu para as crianças passarem seus dias do feriado brincando. Mas claro que os adultos também entravam na brincadeira.

Álbum de fotos
Festival Dashain

Krishna arquitetou um pequeno balanço no terreno da casa para que Garima pudesse brincar. Ela estava imensamente grata ao pai e passou os três dias brincando o tempo todo, já que após o festival o balanço seria destruído.

No primeiro dia do festival, era preciso realizar uma série de práticas religiosas, mas primeiro todos deveriam tomar banho pela manhã. Para eles, o banho é sagrado, pois significa se purificar para entrar em contato com as divindades e com suas práticas religiosas. Em seguida, todos colocavam roupas novas e recebíam a *tika*, uma marca vermelha forte na testa feita da mistura de arroz cru com um pó de tingimento natural vermelho.

A pessoa mais velha da família recebia da mais nova, de preferência do neto homem. Depois, o casal da família deveria colocar um no outro, o mais velho no mais novo, sempre. Até que todos da família colocassem na pessoa mais nova. Cada pessoa que recebe a *tika* recebe junto um punhado da planta jamara e um presente ou um pouco de dinheiro.

Todos recebiam a tika

Só era permitido comer depois que todo o ritual fosse feito. Em seguida, passeamos pela vila para receber a *tika* de diferentes moradores. Todos estavam alegres, com roupas novas e sofisticadas, brincando no balanço gigante da comunidade e indo de um lado ao outro para receber a *tika* (e os presentes, claro) de diferentes pessoas. E foi o que fizemos.

A despedida
Fui embora no dia seguinte do festival. Estava muito abalada por deixar aquela família que em tão pouco tempo havia se tornado parte inerente do meu ser, da minha história. Tinha chegado a hora de deixar a minha irmã Garima, sem saber se um dia eu voltaria a vê-la.

Despedi-me de Didi e caí aos prantos quando fui abraçá-la. Ela saiu do meu abraço, viu que eu estava chorando desesperadamente e me deu um leve tapa no ombro sorrindo, como quem diz "pára com esse choro, menina, está tudo certo!" — eu comecei a rir e a chorar ao mesmo tempo.

Despedi-me dos demais e desci até a estrada com Krishna e Garima, que me ajudaram com as mochilas. Garima e eu estávamos chorando sem parar, recordando (do latim *re-cordis*, deixar passar pelo coração) dos bons momentos que vivemos juntas e pensando na falta que uma faria à outra. Cantamos nossas músicas preferidas uma última vez e nos despedimos.

Krishna ficou comigo esperando o ônibus passar. Dei um abraço nele, agradeci e voltei para Katmandu. Não contive o choro durante o trajeto e deixei o sentimento e os pensamentos fluírem. Apesar de muito triste, eu me sentia muito grata: talvez aquela família nunca saiba, mas eles deram mais sentido à minha vida e mudaram quem eu sou para sempre.

Álbum de fotos e vídeos família Poudel

HIMALAIA: O QUE VIVENCIEI DURANTE A TRILHA AO ACAMPAMENTO BASE DA MONTANHA MARDI HIMAL

Depois de quinze dias na casa da família Poudel, fiquei mais dois em Katmandu e peguei um ônibus para Pokhara, uma cidade na área central do país e de onde as pessoas saem para fazer trilhas na cordilheira do Himalaia. A cidade fica à beira do lago Fewa, com vista para os picos nevados de algumas das principais montanhas da região.

Cheguei à cidade e me surpreendi com seu clima. Lojas de equipamentos de caminhada, restaurantes, bares, *spas*. Era encantadora e incrivelmente mais organizada que Katmandu. Chegando lá encontrei a Manoella, uma querida amiga-irmã do Brasil que também estava viajando pela Ásia e seria a minha companhia durante a caminhada na montanha Mardi Himal durante os próximos cinco dias.

Encontramo-nos no albergue em que nos hospedamos e, conversando com o dono do local, resolvemos qual seria a melhor trilha para os poucos dias que tínhamos disponíveis. Explicamos que não tínhamos tanto preparo para este tipo de atividade e que nunca havíamos feito trilhas que durassem dias na montanha (ainda mais com altitudes maiores de dois mil metros). Ele respondeu que isso não era problema: muitos turistas que visitam a região também eram inexperientes e existem trilhas para todos os preparos – algumas, inclusive, duravam menos de uma semana para completar o circuito.

A trilha mais conhecida pelos mochileiros inexperientes é a que possibilita dar uma volta em torno da montanha Annapurna, a décima maior montanha do mundo, com oito mil metros de altura. Ele não recomendava essa trilha para nós, uma vez que, apesar do nível médio, a jornada durava cerca de oito dias, dependendo do ritmo dos viajantes. Tínhamos cerca de seis dias para realizar a caminhada e estar de volta a Pokhara, por conta das datas de nossos próximos vôos.

Então, ele nos recomendou uma trilha relativamente nova, em uma montanha próxima à Annapurna, a Mardi Himal, com cinco mil metros de altura e que permite chegar a 4.500 metros, onde fica o acampamen-

Himalaia e sua grandeza

to base. O restante só pode ser feito por pessoas que são especializadas em escalada e que estejam acompanhadas por um guia local.

Mesmo para a outra parte da trilha, que não inclui escalada, muitas pessoas contratam guias para acompanhá-las. Manoella e eu decidimos ir sem. Todos estavam nos dizendo que a trilha era muito bem-sinalizada e que, por ser outubro, época de montanhismo no país, cruzaríamos com muitas pessoas no caminho, caso fosse necessária alguma ajuda.

Além disso, queríamos desfrutar a companhia uma da outra durante as longas caminhadas e sem a pressão para andar em ritmos mais acelerados (muitos guias fechavam pacote com grupos de pessoas para baratear o custo e tínhamos receio de que as demais pessoas fossem mais preparadas do que nós). Só cuidamos para levar o mínimo de coisas para que o peso das maochilas não fosse um empecilho ao longo do caminho.

Estudamos muito bem o mapa da montanha e notamos as diferentes possibilidades de trilha, tanto para ir quanto para voltar. De qualquer forma, a ida duraria de três a quatro dias e a volta, dois. Para economizar nos gastos, é possível levar a própria barraca e acampar nos *campings* sinalizados no mapa. Mas a opção mais comum era dormir em albergues no caminho, com quartos individuais. Além disso, o frio na madrugada dificulta passar a noite em barracas e o custo dos albergues é relativamente barato.

Apesar de, quanto mais perto do acampamento base da Mardi Himal, menos recursos são oferecidos pelos albergues, o que torna inviável o banho quente e a comida fica cada vez mais cara.

Outro custo necessário para fazer essa expedição é o do certificado de permissão para entrar na região do Annapurna. Antes de ir, é preciso emitir este documento que comprova a quantidade de dias que você ficará na montanha, sinalizando o trajeto que pretende fazer e a data de retorno. É um meio de segurança para manter sob o controle das autoridades a quantidade de pessoas que estão o local para fazer o rastreamento mais preciso, caso ocorra algum acidente. Em 2017, eu paguei cerca de R$ 100 para emitir este certificado.

Uma jornada no Himalaia

Em nosso primeiro dia, saímos do albergue de Pokhara às seis da manhã. Pegamos um táxi até um ponto de ônibus local, na saída da cidade, de onde fomos até uma das entradas da trilha, no meio da estrada. Subimos duas horas de escada até chegar à trilha na montanha. Ficamos exauridas com a subida mecânica dos degraus e torcemos para que o resto da jornada fosse um caminho mais orgânico e dinâmico dentro da natureza.

Em geral, o clima estava ameno e muito favorável para a trilha e, por isso, não foi preciso levar tantas roupas de frio. Durante o dia, a temperatura chegava aos 25 graus, mas à noite baixava bastante. O máximo de frio que pegamos foi cinco graus, na madrugada. Quem fizesse essa viagem no mês seguinte, sofreria mais com a temperatura e com mais peso nas malas por conta da necessidade de casacos e equipamentos específicos para a neve.

Em nossa experiência, o mais sofrido foi o banho, já que a água era, muitas vezes, fria e de balde. Optamos por tomar banho somente no começo da trilha, quando os albergues ainda ofereciam chuveiros e água quente. Os banheiros eram compartilhados entre os hóspedes e ficavam ao ar livre.

Ao final do primeiro dia, chegamos a 2.130 metros de altura durante as seis horas de caminhada. A única parte de escada tinha sido no começo, o resto era composto de trilhas de mata aberta e fechada, passando por lindos vilarejos da montanha e por paisagens exuberantes, que mesclavam mata aberta e seca com floresta úmida e fechada. Era mágico. Conseguimos ver as cidades que deixamos para trás cada vez menores enquanto olhávamos para baixo.

Nesse dia, ficamos impressionadas com a infraestrutura dos quartos dos albergues. O quarto ti-

Álbum de fotos do primeiro dia de trilha

nha cama de casal, era espaçoso e o preço muito justo; não pagamos mais de R$ 15 por uma noite. Por outro lado, algumas opções de prato eram mais caras que a diária do quarto. Todos os cardápios dos albergues tinham as mesmas opções, o que variava era o preço, uma vez que, quanto mais no alto da montanha, mais difícil dos suprimentos chegarem e mais caros os custos. Sempre eram oferecidas versões ocidentais, como macarrão com molho de tomate, junto a opções de comida nepalesa, como *daal* de lentilhas, *curry* de legumes e sopas com especiarias.

Segundo dia

Acordamos cedo no dia seguinte e saímos com o nascer do sol iluminando nossa jornada. A maior parte da trilha era de mata fechada, o que a deixava úmida. A presença de névoa e a falta de sol, que não penetrava por entre os galhos das árvores, fazia com que o barro no chão continuasse molhado e escorregadio. Isso dificultava a caminhada e exigia maior atenção a cada pisada.

Passamos por variados tipos de árvores e de plantas, em uma mistura única de tons de verde e de marrom que se mesclavam em uma dança harmônica de cores e de texturas. O musgo estava presente em quase todos os troncos, assim como os cogumelos, de diferentes cores. Respiramos fundo e agradecemos por aquele ar tão puro e fresco e por estarmos diante de um local com tanta energia e vivacidade. Era uma floresta encantada, própria de filmes com seres místicos e mágicos ou de histórias de aventura selvagem.

Passamos a maior parte do tempo conversando, cantando ou cultivando o silêncio, atentas ao som de cada ser da natureza e dos nossos pés encostando nas folhas secas do chão. Admiramos o som do vento, dos riachos e das pessoas que se aproximavam e logo seguiam seu caminho.

Notamos que, até então, todos os dias de trilha começavam com uma subida mais intensa, onde era necessário escalar pedras ou pu-

lar troncos. Depois dessa parte mais dinâmica, o caminho costumava manter uma constante de oscilações.

Com uma mochila nas costas, o caminho poderia se tornar ainda mais desafiador. Para fazê-lo com tranquilidade e segurança, decidimos manter nosso ritmo, sem nos apressar demais e nem parar com muita frequência. Comíamos lanches no caminho e tomávamos mais de dois litros de água por dia. As paisagens faziam valer a pena cada tombo ou cada momento em que nos sentíamos exaustas.

Estávamos vivas, felizes e plenas, mesmo que cansadas. E isso importava mais do que qualquer obstáculo no caminho – roupas sujas, rosto suado, dores nos joelhos e nas pernas, peso nas costas etc.

Caminhamos cerca de cinco horas nesse segundo dia e chegamos ao entardecer no segundo albergue. Tomamos o último banho quente da caminhada e aproveitamos cada segundo dele. Dormimos cedo, pois o dia seguinte seria o mais difícil de todos, com cerca de 10 km de subida e ultrapassando mais mil metros de altitude.

O terceiro dia

O começo do terceiro dia não foi fácil e nem motivador. Cerca de duas horas foram dedicadas somente às subidas, com muita mata fechada, além de obstáculos de pedras, troncos e barro molhado no caminho. Paramos em certo ponto com uma vista privilegiada e percebemos que já estávamos na altura das nuvens.

Seguimos o caminho, bastante cansadas, mas certas de que em menos de uma hora chegaríamos ao albergue. A trilha continuava bem-sinalizada, com bandeiras de cores azul e branca pintadas nos troncos das árvores indicando que era a trilha da Mardi Himal.

Nesse momento, o caminho mudou de paisagem. Estávamos no alto da montanha, sem árvores e nem florestas, rodeadas apenas por uma vegetação rasteira e seca, em tons melancólicos de verde e de vermelho. Tivemos medo de olhar para baixo, de onde era possível avistar os precipícios vizinhos às nuvens que estavam em nossa altura; qualquer passo em falso seria mortal.

Com coragem, continuamos na trilha e chegamos à tarde no albergue, antes do que imaginávamos. Ao longo dos três dias de subida, vimos todo tipo de gente nas montanhas: trabalhadores levando suprimentos aos povoados da montanha, grupos de 15 ou mais pessoas andando juntos, jovens nepaleses aproveitando o feriado e a época de montanhismo para explorar o local, mulheres viajando sozinhas, idosos. Tinha um pouco de tudo. Mas a maior parte das pessoas eram turistas ocidentais acompanhados de guias.

Às vezes, nos surpreendíamos ao encontrar, no meio do caminho, entre um povoado e outro, pequenos chalés que ofereciam lanches, chás e bancos para descansar.

Vimos um lindo entardecer a 3.800 metros de altitude. Dormimos às 19h para acordarmos descansadas às 4h da manhã e fazermos a última parte da trilha.

A subida ao acampamento base

Todas as pessoas que estavam hospedadas no albergue subiram juntas, carregando lanternas consigo, já que ainda estava escuro. Fazia zero graus Celsius e o nível de dificuldade só piorava com a escuridão. Para chegar ao acampamento base e aproveitar o lindo visual de 4.500 metros de altitude é preciso alcançar o local até às 8h30 da manhã, já que depois disso a névoa toma conta da montanha, dificultando a visão e impossibilitando a contemplação das paisagens.

Além disso, não é possível dormir no local: é o único acampamento em que é preciso ir e voltar no mesmo dia, ou seguir em direção ao cume. Por isso, deixamos nossas malas no albergue e subimos com uma pequena mochila com água, lanches e máquina fotográfica.

A subida tinha nível de dificuldade médio, com partes rochosas, em que era necessário escalar. Demoramos três horas e meia para chegar ao marco dos 4.500 metros e mais três horas na descida; cada passo deveria ser cauteloso, para não escorregar nas pedras soltas no chão.

Álbum de fotos do 2º e 3º dias de trilha

Iaques do Himalaia

Ficamos gratas quando as primeiras cores dos raios de sol refletiram na montanha e estamparam o céu, iluminando ainda mais nosso caminho. Paramos para admirar a paisagem: o mar de nuvens que se formava e se misturava às montanhas, resultando em um oceano infinito no céu.

Então, vimos iaques pela primeira vez, que são bovinos de pelo longo facilmente encontrados na região do Himalaia. Eles estavam pastando tranquilamente e não esboçaram qualquer reação quando nos aproximamos.

Conforme chegamos ao nosso destino, a sensação de mal-estar pela altura aumentava. Era uma subida de quase mil metros de altitude em um período curto de três horas. Nos sentimos tontas, com forte dor de cabeça e enjoo. Bebemos muita água e tentamos aguentar firme.

A chegada foi emocionante, mesmo que consumidas por um esgotamento completo. Descansamos um pouco e começamos o caminho de volta, quase tão cansativo quanto o da ida e embaixo de um sol forte, que deixava nossos corpos ainda mais enfraquecidos. Estávamos no "modo automático", andando sem parar e sem pensar em quanto tempo faltava, na fome que sentíamos, no cansaço e no calor. Queríamos chegar logo no albergue. Até hoje não sabemos qual foi a parte mais traumatizante da trilha: se foram as duas horas de escada no primeiro dia ou a volta ao acampamento base. Seja qual for, valeu a pena. Conseguimos alcançar nosso objetivo e aproveitamos cada segundo da jornada.

O caminho de volta da Montanha
Almoçamos assim que chegamos ao albergue, pegamos nossas mochilas e descemos mais um pouco, até um albergue mais baixo na montanha. A ideia era dormir mais dois dias na Montanha e voltar à Pokhara no dia previsto.

Chegamos ao final da tarde no albergue e descansamos. Tomamos um banho gelado de balde e fomos jantar. Tivemos uma das noites mais especiais da viagem, cercadas de outros viajantes e de guias nepaleses que confraternizaram conosco aquele momento. Todos jantaram juntos no refeitório do albergue com a presença dos guias fazendo uma tradicional "disputa" em uma música típica do país.

As guias mulheres estavam cantando improvisadamente, em nepalês, "contra" os guias homens. Uma das guias que não participava da brincadeira traduzia simultaneamente para nós o que cada um dizia. Todos batiam palmas e alguns tocavam instrumentos para dar ritmo às letras. A história era de um homem tentando conquistar uma mulher, mas ela respondia, também cantando, que não se importava com ele. Todo o jogo era feito em tom de humor e todos os turistas participavam aplaudindo. Eles também cantaram a música pop nepalesa do momento "Kutu Ma Kutu", a mesma que Garima e Raci cantavam para mim na fazenda dos Poudel.

Álbum de fotos do 2º e 3º dias de trilha

Uma das guias nos contou que essa era uma tradição comum em encontros em povoados da montanha: beber vinho local feito de maçã e cantar músicas improvisadas que narram uma história de amor.

No dia seguinte, chegamos ao último albergue da viagem na hora do almoço e tivemos o dia todo para descansar. Era a primeira vez que tínhamos um banheiro dentro do quarto e aproveitamos o banho quente depois de tantos dias sem. Relembramos cada parte daquela jornada inesquecível, dos momentos vividos e das pessoas que conhecemos nessa jornada. Foram cinco dias que valeram por vidas.

Quando poderíamos imaginar que aos 21 anos estaríamos atravessando a cordilheira do Himalaia, resistindo bravamente às horas de subidas, escaladas e de mal-estar devido à atitude até o acampamento base de uma montanha? E ainda vivenciando as mais lindas paisagens, com céu estrelado, lua cheia e nascer do sol?

A energia da montanha é indescritível. O astral dos nepaleses e a comida local acolhem a alma e o coração. Fecho os olhos e lembro-me do vento em meu rosto, do sol me aquecendo, da névoa fria e do canto nepalês que contemplou meus ouvidos. Agradeço à minha vida e às minhas memórias por ter tido a oportunidade de experienciar esses dias na montanha.

CAPÍTULO 04

EXPERIÊNCIAS CAMBOJANAS

Coragem é a vida pedindo para ser vivida.
@diariodeunicornio

• 2 meses e 10 dias de viagem

Aterrissei em Siem Reap no dia 15 de outubro. Já estava há mais de dois meses na Ásia e metade da jornada já era de memórias inesquecíveis. Já me sentia outra pessoa.

Apesar de não ser a capital, Siemp Reap é a cidade mais procurada pelos turistas por ser próxima ao conjunto de templos Angkor, que abriga um dos mais bem preservados monumentos religiosos do mundo, o Angkor Wat ("Wat" significa templo, em *khmer*). Se no Vietnã Ho Chi Minh estampa as notas do país, no Camboja as notas e a bandeira nacional são estampadas pelo edifício majestoso.

Peguei um *tuk-tuk* no aeroporto e fui até o albergue onde me hospedaria por uma noite, antes de começar meu terceiro trabalho voluntário. A cidade me lembrou muito o que eu já havia visto na Tailândia: comércio nas ruas, nas calçadas, vendedores ambulantes a cada esquina, coqueiros e palmeiras nas áreas verdes e chão predominantemente de terra e de areia.

O dinheiro usado no país, o *riel*, é muito desvalorizado, sendo 4.000 riels equivalente a 1 dólar. Por conta disso, em qualquer lugar é possível pagar em dólares ao invés de *riels*. Apesar das coisas serem baratas, esse método de câmbio faz com que os turistas gastem mais dinheiro do que na Tailândia, por exemplo, ou no Nepal, onde o dólar é raramente usado no dia a dia. Isso se deve ao fato de que, nestes países, facilmente paga-se menos de um dólar por frutas, legumes, *souvenirs* etc., enquanto no Camboja não se paga menos de um dólar em nada.

Siem Reap é uma cidade que agrada aos turistas ocidentais. Ela não é tão caótica nem tão poluída quanto outras cidades asiáticas. O rio Siem Reap traz vida ao centro da cidade, enfeitado com luzes coloridas e rodeado por uma ampla área verde em suas margens. É comum fazer passeios de bicicleta, uma vez que a cidade é pequena e plana, e as motos não são tão frenéticas quanto nos maiores centros. Ela também é marcada pela grande quantidade de cafés, mercados, restaurantes e templos budistas.

Contudo, o turismo sexual que adentra o país é massivo. É comum passar por bares com mulheres locais na porta oferecendo um programa ou até lugares originalmente de massagem, mas que também oferecem "outros serviços".

Era comum presenciar mulheres locais com senhores europeus andando pelas ruas, sentados em cafés ou passeando com seus filhos. A relação estabelecida entre homens europeus e cambojanas não se dava apenas pela prostituição; muitas vezes, como eu mesma conheci, alguns homens ocidentais que não tinham construído uma família

Angkor Wat

em seus países de origem se mudavam para o Camboja para deixar um legado, com mulher e filhos, em uma realidade mais simples do que a sua de origem.

Na mesma rua em que se encontram os bares de prostituição, também é possível se deparar com panfletos de ONGs contra a exploração sexual de mulheres e de crianças no país. Nos centros turísticos, encontra-se facilmente cartões de organizações que lutam diariamente contra o aumento desse tipo de violência. De acordo com o Comitê das Nações Unidas sobre os Direitos das Crianças, um terço das pessoas que se prostituem no Camboja são menores de idade. Além disso, 37% das vítimas de tráfico sexual são crianças.

TRABALHO COMO PROFESSORA DE INGLÊS EM VILA CAMPONESA

Dormi uma noite em um albergue da cidade e, no dia seguinte, fui ao meu terceiro trabalho voluntário. Dessa vez, fui dar aulas de inglês em uma vila chamada Lolei, a vinte minutos de carro de Siem Reap.

Fiquei na casa do Sovannarith Sok. Em 2011, ele fundou a escola de inglês e o Angkor Legacy Academy, uma ONG sem fins lucrativos que recebe doações para promover educação pública às crianças menos privilegiadas da vila de Lolei e de outras comunidades próximas.

Sovan, como nós o chamávamos, havia pedido para um amigo seu, motorista de *tuk-tuk*, buscar-me e me levar até sua casa, em Lolei. Foi lindo contemplar o trajeto até lá: plantações de arroz, coqueiros, palmeiras; natureza exuberante e viva. Entramos na vila e não havia nenhuma rua asfaltada, o chão era todo de areia fina e fofa. Era também possível presenciar pequenos e limpos lagos.

Sovan me recebeu na porta e me disse que tinham mais cinco voluntários hospedados e que também ajudavam nas aulas. A casa era ótima, ao que me parecia, era uma das mais ricas da região. Tinha uma entrada com portão de ferro e dentro era toda de madeira, com telhado de tijolos e móveis confortáveis.

Álbum de fotos
Vila de Lolei

Eram quatro quartos no total, sendo um para Sovan e sua família e os outros três divididos entre os voluntários, geralmente dois por quarto. Eu fiquei em um ótimo quarto, com cama larga, rede para mosquitos e janelas. Eu dividia com um um voluntário francês chamado Youx, que também tinha sua própria cama.

Sovan tinha 36 anos e quatro filhos, três meninas e um menino. Na época, Reaksa, a mais velha, tinha 12 anos; Charkriya, 9; Reaksmey, 7; Norodom, 3. Os quatro nomes foram dados a partir de importantes figuras da monarquia cambojana. As crianças eram muito tranquilas e levavam o convívio com jovens ocidentais de forma leve e descontraída, já estavam acostumados com a nossa presença.

Ao contrário dos filhos, que não só participavam das aulas como gostavam da interação com os voluntários que se hospedavam em sua

casa, a mulher do Sovan não falava quase nada de inglês e preferia ficar reclusa.

Nos momentos das refeições conjuntas, como almoço e jantar, ela nunca estava presente: comia em outro cômodo com os filhos e deixava que os hóspedes ocupassem a mesa e a conversa com Sovan. Isso me incomodava um pouco e as poucas vezes em que lhe questionei a respeito da ausência de sua mulher, Sovan me respondeu: "não se preocupe com isso. Temos poucos lugares na mesa e ela prefere deixá-los para vocês".

A história de Sovannarith

Foi na área externa da casa que a escola foi montada em 2011. Por alguns anos, as aulas eram dadas ali mesmo, ao ar livre, com poucas mesas e cadeiras e um quadro de giz, distribuídos de forma aleatória no quintal da casa. A ideia de formar uma escola gratuita para as crianças da vila surgiu por conta do passado de Sovan. Ele nasceu e cresceu em uma vila a 8 km de Lolei, onde somente ele e uma menina tinham condições de frequentar a escola e as aulas de inglês que ali eram oferecidas.

Eles caminhavam cerca de 7 km todos os dias para ir e voltar da escola e, por conta da fome, eles tinham de se apoiar um no outro para aguentar o cansaço e a fraqueza que sentiam durante o caminho. O dia em que Sovan nos contou essa história, sentado à mesa de jantar, emocionado, desatou a chorar e pediu licença. Ele entrou para a casa e só voltou minutos depois, puxando outro assunto qualquer.

Para ele, a vitória de ter conseguido estudar e se educar, apesar dos inúmeros desafios, foi o que o motivou a promover a educação em sua comunidade. "Aqui, todos me chamam de *teacher*, e eu gosto muito de ser reconhecido como professor. No Camboja, se você não aprende inglês, você não tem como crescer na vida; dominar apenas o idioma *khmer* não é suficiente", desabafou.

Conforme ele foi recebendo as doações para o Angkor Legacy Academy, pôde construir uma estrutura física melhor para receber os alunos, composta de duas salas de aula, com quadro branco, mesas e cadeiras. O dinheiro das doações também é usado para comprar materiais e alimentos distribuídos às famílias dos alunos. E a escola ainda aumentaria de tamanho. Enquanto eu estava lá, a casa se tornava um sobrado, com mais duas salas para computadores no andar de cima.

Nesse dia, Sovan também nos contou sobre a experiência de quando quase morreu e renasceu aos 16 anos. "Eu estava muito magro e desnutrido, porque não tinha a possibilidade de comer muita coisa na minha casa. Eu estava voltando os 8 km da escola até a minha casa e passei muito mal. Eu vi o outro lado, as pessoas achavam realmente que eu tinha morrido, minha alma saiu do meu corpo e vi todos chorarem perto dele. Meu pai me dava pequenas gotas de água para me hidratar sem que fosse agressivo ao corpo. Aos poucos, eu voltei. Decidi, então, que eu faria a diferença nessa nova vida, era uma segunda oportunidade que eu tinha para viver. Eu nunca mais duvidei de pessoas que falam sobre experiências com a morte. Como é possível escrever sobre ela sem tê-la vivenciado? É a mesma coisa que escrever sobre a Terra sem viajar até a Lua e vê-la de longe!", relatou durante o jantar.

Geralmente, tanto no almoço quanto no jantar, comíamos o que a mulher do Sovan preparava. Sempre tinha arroz, feito na panela elétrica, e legumes preparados de diferentes formas, como abóbora vermelha cortada em cubos com coentro e espinafre, cenoura e "carne" de bambu com vinagre de maçã. Às vezes também tinha ovo, e sempre alguma carne animal acompanhava, geralmente frango, comprado de outros moradores da vila que criavam as galinhas. A comida era sempre impecável e era comum os voluntários se revezarem para limpar a louça após a refeição, já que todo o trabalho de cozinhar era da esposa de Sovan.

Professora de "segunda viagem"

A primeira aula que participei foi para a turma mais nova; crianças de quatro a sete anos. Em média, eram 15 a 20 alunos em cada sala. Essa era a sala mais difícil, pois eles sabiam pouquíssimo inglês e se distraíam facilmente com a areia do chão, com os lápis, com os apontadores e com as brincadeiras entre eles. Era difícil chamar atenção e pedir que eles se comportassem sem o domínio do idioma *khmer*. Por isso, era comum eu chamar o Sovan para conversar com eles e pedir que fizessem silêncio.

No meu segundo dia na Vila de Lolei, três voluntárias estavam revezando a leitura do livro *O Alquimista,* do escritor brasileiro Paulo Coelho. A última da fila já estava acabando a leitura. Pedi emprestado o livro e comecei naquele mesmo dia. Pesquisei e descobri que era o livro brasileiro mais traduzido no mundo. Elas fizeram uma excelente propaganda e decidi que era um sinal para que eu o lesse. Mesmo sendo brasileira, eu nunca tinha lido este livro. Se ele teve de aparecer para mim na Ásia, por meio de uma menina australiana, em uma pequena comunidade no Camboja, não tinha dúvidas de que era o meu momento de conhecer aquela história.

Quando comecei a leitura, duas frases logo chamaram minha atenção e se encaixaram perfeitamente com o momento que eu estava vivendo: "ele nunca se tocou que as pessoas são capazes de realizar seus sonhos a qualquer momento de suas vidas" e "você sempre precisa saber o que você deseja e o Universo irá te fazer consegui-lo".

Fiquei com os trechos do livro na cabeça, pensando em tudo o que havia feito para estar exatamente onde eu estava naquele momento da minha vida. Lembrei-me de todos os meus esforços, da minha coragem e determinação para estar do outro lado do mundo, alinhada com a minha intuição e realizando um sonho com potência e muita verdade. Estava vivendo o inimaginável, cercada de lugares desconhecidos e cruzando com pessoas extraordinárias. "O melhor lugar do mundo é aqui e agora", como já disse Gilberto Gil. Senti-me grata.

Nesse mesmo dia, pintamos as paredes da escola de branco. Estava comovida por compartilhar esse tempo com outros voluntários, em um trabalho em equipe. Éramos cinco meninas e um menino. Conversamos muito sobre o machismo e cada uma relatou sua experiência em seus países de origem. Ao longo dos meses fora do Brasil, cada vez mais eu percebia quão estranho era para pessoas de outras culturas entender o contexto social no Brasil.

Vivemos realmente um paradoxo, por ser um país tão machista e opressor e ao mesmo tempo ser considerado um país aberto, conhecido por uma certa "liberdade sexual", onde as pessoas aproveitam sem pudor o carnaval e mulheres se sentem empoderadas para usar biquínis pequenos. Mas isso não interfere em nada os assédios e os abusos que as mulheres brasileiras sofrem diariamente. Não somos necessariamente mais empoderadas pelo fato de usarmos biquínis pequenos e busquei apresentar esta visão ao grupo.

Um encontro (inusitado) com Angelina Jolie

À noite, Sovan nos contou sobre sua experiência em relação ao filme feito a partir do livro *First They Killed My Father*, relato de uma cambojana que sobreviveu ao genocídio provocado pelo ditador Pol Pot, na década de 1970. Apesar da relevância histórica desse assunto, eu apenas descobri a existência desse livro e do filme quando o assunto apareceu nessa conversa.

Sovan contou que no ano anterior, a equipe de produção para um filme estrangeiro apareceu na Vila de Lolei selecionando pessoas locais para serem figurantes. Era a equipe do filme *First They Killed My Father* que, junto com Angelina Jolie, diretora do longa-metragem, havia decidido passar cerca de um mês gravando no local.

Sovan foi um dos selecionados para aparecer no filme, junto de seu filho mais novo que, na época, tinha um ano de idade. Eles apareceram em uma cena em que vários cambojanos foram expulsos de suas casas e obrigados a encontrar trabalho e refúgio na zona rural do país.

Até então, Sovan não fazia ideia de quem era Angelina Jolie. "Então apareceu uma mulher alta, muito magra e muito branca, com olhos grandes. Ela estendeu a mão para mim e se apresentou como diretora do filme, disse que se chamava Angelina Jolie. Eu me apresentei de volta, dizendo 'e eu sou Sovannarith!'", Sovan contou, de forma irreverente, deixando todos os voluntários de boca aberta. Era de uma simplicidade aquela narrativa e isso me fascinava: era autêntico.

Sovan contou que ele chegou a almoçar com a equipe de produção algumas vezes e que, posteriormente, quando o filme foi lançado, eles receberam o convite para assistir a estreia em Siem Reap. Ele foi com sua esposa e disse que foi uma ótima experiência.

No dia seguinte, eu li mais um pouco de *O Alquimista*. Mais trechos do livro se alinhavam aos meus pensamentos e ao meu momento de vida. Estava me sentindo muito conectada com o livro e com os ensinamentos dele; dava-me coragem para me arriscar na vida e me lembrava que sempre estamos onde devemos estar.

Abaixo, algumas ideias do livro que li nesse dia e que ressoaram com o meu momento:

1. Não importa onde ou com quem estamos, sempre existe um motivo para estarmos neste lugar.

2. Nunca se esqueça de seus sonhos e os realize a hora que for, pois se for realmente o que você deseja, todo o universo vai conspirar para que você o realize.

3. Sempre escute seu coração, sua intuição e perceba os sinais no caminho que irão te guiar. É a voz de seu coração que te guiará ao longo de sua vida, aprenda a escutá-la.

4. Mesmo que você encontre um "oásis" no meio do caminho, lembre-se de que ainda tem um outro tesouro mais importante e que deve ser descoberto. Nem sempre o "oásis" é o destino final.

5. A ideia do sofrimento é sempre pior que o sofrimento em si.

6. Aprecie intensamente o momento presente, ele é tudo o que você tem agora.

7. Todos vieram de uma mesma matéria inicial. Tudo o que existe nesse planeta foi feito a partir da mesma matéria-prima. Por isso, todos têm a mesma alma e falam a mesma língua universal, mesmo que não haja o uso de palavras. Assim, aprendemos a compreender o mundo apenas observando e desvendando os sinais. Desde um grão de areia até o deserto, os pássaros, as pessoas e o Universo, todos

somos feitos da mesma matéria e por isso conseguimos nos entender. É preciso sair da zona de conforto e se aventurar para aprender a língua universal.

Primeiro contato com o movimento Hare Krishna

Na noite do meu sétimo dia em Lolei, fiz um programa diferente. O meu próximo voluntariado seria no Centro Hare Krishna de Siem Reap. Eu havia contatado o centro pelo site deles e falei com o responsável, que se chamava Kumudaksa, oferecendo-me como voluntária. Ele aceitou, desde que eu ficasse em um local separado do Centro, pois eles não juntavam homens e mulheres no mesmo local.

Neste dia, ele aproveitou que eu já estava perto de Siem Reap e me convidou para participar de uma celebração à noite. Disse que poderia me buscar na casa de Sovan e me levaria de volta após a cerimônia.

O festival hinduísta Govardhan Puja acontecia quando os devotos ao deus Krishna ofereciam comida vegetariana e celebravam a passagem do livro sagrado em que Krishna, ainda criança, ergueu com o dedo mindinho de sua mão uma montanha, a Govardhan, na Índia, para abrigar sua comunidade e defendê-la das tempestades e chuvas que não paravam há dias. Em sua homenagem e para renovar a sua fé, os devotos oferecem uma "montanha de comida" e cantam mantras.

Kumudaksa me buscou na casa de Sovan por volta das 18h em sua motocicleta. Ele vestia o *dhoti* branco, a vestimenta típica da religião, que se assemelha ao *sári* das mulheres, e, por cima, um casaco preto. Eu fui de calça e blusa com mangas, já que as restrições de vestimenta para as mulheres eram as mesmas que eu já conhecia dos templos budistas: nem pernas nem braços de fora.

Ao longo do nosso caminho, ele me perguntou sobre minha vida no Brasil, sobre minha profissão e os motivos que me levavam a viajar sozinha. Ele também ficou curioso para saber sobre as minhas experiências na Ásia. Ele me relatou sobre o movimento Hare Krishna e como ainda estava iniciando no Camboja, sendo o Centro de Siem Reap o primeiro do país.

Disse que vinha da Indonésia e que foi chamado para liderar o Centro de Siem Reap para que, com o tempo, mais devotos aderissem ao movimento e frequentassem o local, de modo que ele virasse um templo. "Não se trata de uma religião, mas de um estilo de vida. Lord Krishna é o nosso Deus supremo, o criador de tudo e de todos, é ele a nossa essência, pois é a única coisa que carregamos em nosso ser que não se transforma. De resto, tudo aquilo que é material, transforma-se com o tempo e, por isso, não faz parte do nosso espírito", me disse.

Continuamos a conversa ao longo do caminho, que durou cerca de 40 minutos. Custava acreditar que eu estava na garupa de uma moto de um monge Hare Krishna indo para uma celebração hinduísta da qual eu não sabia o que esperar. Pensei em como, ao longo da viagem, eu fazia tantas coisas pela primeira vez, todos os dias.

Então recordei de uma estrofe do poema do heterônimo de Fernando Pessoa, Alberto Caeiro, que sempre me acompanhou:

> Sei ter o pasmo essencial
> Que tem uma criança se, ao nascer,
> Reparasse que nascera deveras...
> Sinto-me nascido a cada momento
> Para a eterna novidade do Mundo...

Kumudaksa continuou me contando sobre o movimento: "nós cantamos mantras para alegrar nossas vidas. Os mantras Hare Krishna Hare Rama são muito poderosos, e eles nos deixam felizes e em paz. Por isso, usamos tantos instrumentos e cores, tudo isso serve para alegrar e celebrar a vida".

Chegamos ao centro e notei sua simplicidade: um sobrado alugado que eles transformaram em centro religioso. O quintal era amplo e cheio de verde, mas muito mal-cuidado. As plantas não estavam podadas e, por conta das chuvas, várias poças se formaram nas áreas de terra. Eles deixavam claro que aquela situação era provisória: a ideia era reformar a casa assim que entrassem mais doações.

Quando chegamos, os outros devotos, que também trabalham como voluntários no centro, me receberam muito bem, um deles também era da Indonésia e era monge, e o outro cambojano. Todos sabiam falar inglês. Eles tinham preparado um banquete vegetariano completo para a celebração. Outros estrangeiros também participaram do evento, principalmente russos e norte-americanos. Muitos deles moravam em Siem Reap e frequentavam o centro sempre que podiam. Kumudaksa me contou que depois da Índia, a Rússia é o país com maior quantidade de devotos do movimento Hare Krishna.

Durante a cerimônia, fizemos várias oferendas, cantamos mantras, lemos trechos do livro sagrado e conversamos um pouco sobre passagens da vida de Lord Krishna.

Quando tive que ler a minha parte do texto fiquei admirada: ela falava sobre o *boon*. No hinduísmo, o *boon* significa um presente ou uma bênção que os deuses entregam a alguém para que essa pessoa saia de uma situação delicada e aparentemente sem solução. Krishna Poudel (referindo-me ao dono da fazenda na qual voluntariei no Nepal) já havia me falado sobre essa expressão. Achei inesperado e muito simbólico que ela tenha aparecido de novo em minha vida justo nesse momento, no centro Hare Krishna. Era como se os deuses estivessem me enviando as bênçãos que abriram um caminho próspero em minha jornada.

Depois da celebração, comemos a deliciosa comida vegetariana, muito parecida com aquilo que eu comia no Nepal: arroz, *daal* indiano e *curry* de legumes. Fiquei realizada.

Na volta para casa, estava me sentindo em um filme. Kamudaksa me levou na garupa de sua moto e, quando estávamos chegando perto da entrada da Vila de Lolei, ele começou a cantar um mantra. O céu estava estrelado, desde a linha do horizonte até o ponto mais alto. Dos nossos lados, bananeiras, palmeiras e coqueiros compunham o cenário mágico e abriam caminho para uma estrada vazia: só o monge e eu, naquela noite iluminada, enquanto eu o ouvia recitar o canto sagrado. Fotografei o momento com os olhos e guardei-o no coração. Estou viva e isso me basta.

O dia a dia em uma pequena vila rural cambojana

A Vila de Lolei era pequena e todos se conheciam. Qualquer um que passasse pela casa da família de Sovan ou pela escola nos chamavam de *teacher*; mais que estrangeiros, nós éramos seus professores. Isto me deixava imensamente realizada: ser professora daquelas crianças. Percebi que ao longo da minha viagem, todas as pessoas que me receberam para os voluntários também eram professores. Mark, na Tailândia, Krishna, no Nepal, e agora Sovan, no Camboja. E assim como eles, eu estava também trilhando o caminho para ensinar crianças, fazendo a diferença na vida de quem mais precisa. "Trocar saberes é tudo", eu pensava quase sempre.

De vez em quando, as outras voluntárias e eu passeávamos pela vila. Eu gostava de ir sem nada nos pés, sentir a areia entrar pelos meus dedos e a grama fazer cócegas na sola. Sentia a natureza dentro de mim e a tranquilidade daquela comunidade que por pouco tempo também foi a minha casa. Todos na vila sabiam que nós éramos professoras da escola, então, em qualquer lugar que passássemos, as crianças costumavam correr para nos abraçar, beijar e fazer um *hi five*, o comprimento batendo as palmas das mãos.

Oferecíamos muito carinho para elas e eu sentia que elas eram muito afetivas, gostavam de abraçar, de pegar no nosso cabelo, elogiar e dar carinho. Eu tentava responder a todo esse afeto à altura, dando todo o amor que eu pudesse. Fazíamos piada, brincávamos, chamávamos para irem à aula. Realmente me sentia parte daquela realidade tão distante da minha do Brasil, mas que rapidamente me preencheu e transbordou.

Assim como nos demais países em que estive, na Vila de Lolei era comum cruzar com crianças de cerca de oito anos andando de moto pelas ruas não asfaltadas. Era engraçado ver uma criança tão pequena com força suficiente para carregar um veículo pesado. Mas, na maioria das vezes, elas usavam bicicletas para irem e voltarem da aula.

Álbum de fotos das crianças da Vila de Lolei

Muitos moradores faziam da entrada de suas casas pequenas vendas. Vendiam frutas, legumes, doces e salgadinhos na porta. Tudo era incrivelmente barato, especialmente se comparado aos preços de Siem Reap. E lá era mais fácil usar a moeda local que o dólar, o que não acontecia nas cidades mais turísticas.

Angkor: sede do Império Khmer
Como não dávamos aulas aos finais de semana, os voluntários podiam passar dois dias em Siem Reap e retornar na segunda-feira. Decidi conhecer o conjunto de templos que compõem o Angkor, que em sânscrito significa "cidade" e que foi sede do Império Khmer entre o século IX e o século XIII. São mais de mil ruínas de templos que compõem a região. O templo mais famoso, o Angkor Wat, é um dos monumentos religiosos mais antigos e bem preservados do mundo e o complexo é protegido por estar na lista de Patrimônio Mundial da UNESCO.

Para fazer o passeio, que durava cerca de um dia, eu contratei um guia que me levou de moto e passou o dia comigo, o Mr. Chan.

Mr. Chan sabia inglês fluente e estava praticando seu espanhol, sobretudo por meio de vídeos no Youtube, mas havia sido um turista que de início lhe ensinou o básico do idioma. Em certo momento, ele me mostrou figuras antigas nas paredes do templo, indicando quem eram os povos ali representados e onde se localizava o céu, o inferno e a Terra. Ele explicou que apenas a educação levava as pessoas ao céu depois de morrerem.

Pensei em como um dos serviços que eu poderia colocar no mundo era repassar meu conhecimento de idiomas. Eu posso compartilhar uma língua que domino e tornar outra pessoa detentora desse conhecimento que poderia se capacitar e alcançar outros trabalhos e realizações pessoais com aquele saber. Esse estalo veio dias após o passeio e movimentou ideias e abriu caminhos dentro de mim, antes impensáveis.

Álbum de fotos do templo Angkor Wat

O casal recém casado e as três voluntárias

E lembrei que já estava fazendo isso ao voluntariar como professora de inglês para crianças asiáticas. Foi quando entendi que a sabedoria abre portas e que não devemos guardar nosso conhecimento somente para nós, mas compartilhá-lo com o maior número de pessoas.

Continuamos nosso passeio pelos mais diversos templos do conjunto Angkor. Desde ruínas abandonadas até templos grandiosos estruturados, alguns com construções de figuras sagradas, como as torres em formato de cabeça no templo Bayon. Entramos em caminhos de terra estreitos, passamos por pequenas florestas e visitamos as partes mais turísticas e menos tranquilas do conjunto.

Casamento local

No dia seguinte, acordei em Lolei com o som alto do casamento que estava acontecendo em uma casa vizinha. Segundo Sovan, as comemorações de um casamento na comunidade começam 24 horas antes da cerimônia oficial. Eles colocam a música alta e a deixam tocando até a manhã seguinte e só páram quando os últimos preparativos são feitos e a cerimônia começa.

Além de músicas tradicionais, os membros da família dos noivos também cantam karaokê sem parar. Por conta disso, os outros voluntários e eu estranhamos que a tranquilidade habitual da vila estivesse sendo dominada por amplificadores e vozes estrondosas ecoando canções folclóricas. Por estarmos hospedados na casa de Sovan, todos fomos convidados para o casamento no dia seguinte.

Sovan disse que não havia necessidade de nos arrumarmos para a cerimônia, "já que vocês são ocidentais, ninguém aqui espera que vocês se vistam como nós, eu mesmo só colocarei uma calça e um sapato, porque ir de chinelo também é muito informal", alertou. Fomos surpreendidos por uma cerimônia até que bastante arrumada que havia transformado o quintal da casa da família em um espaço de festa. Todos estavam elegantes, e isso nos fez sentir inadequados quanto à nossa vestimenta.

Os noivos nos receberam na porta e nos acompanharam até a mesa. No Camboja, na maioria dos casamentos, é preciso fazer uma doação de cerca de 10 ou 15 dólares para ajudar a pagar a festa. A quantia é entregue ao entrar no evento dentro de um envelope que os próprios noivos oferecem junto ao convite. Depois que todos os convidados chegam, é o momento das fotos com os amigos e familiares e depois todos se sentam para comer e beber. Toda comida é feita pela família com ajuda de amigos e parentes durante os dias que antecedem a cerimônia. Além de ajudar nos preparativos, eles também trabalham servindo a comida e as bebidas nas mesas da festa.

Sovan nos contou que, em média, a noiva muda de vestido treze vezes do começo ao fim da festa.

Depois do casamento, voltamos para a escola para dar as aulas da tarde. O dia seguinte já era o meu último em Lolei. E isso me fez refletir sobre o que eu havia aprendido durante a minha estadia naquela comunidade que tanto me acolheu e engrandeceu. Aprendi muito sobre paciência e empatia, buscando compreender que cada um só pode dar aquilo que tem para oferecer. Nem sempre era fácil dar aulas para as crianças, elas estavam sempre distraídas, querendo brincar e conversar, e poucas prestavam realmente atenção.

Muitas vezes, eu ficava irritada com a constante agitação em sala de aula. Até que, ao final do meu voluntariado, Sovan disse para eu relaxar: "elas são muito pequenas, elas não sabem quase nada de inglês e realmente vão se preocupar mais em brincar com a areia do chão do que com uma maçã desenhada na lousa. Siga o ritmo delas e desacelere nos ensinamentos se for necessário".

Depois desse dia, a outra voluntária e eu mudamos nossa forma de dar aulas; desaceleramos o ritmo e começamos pelo mais básico com eles. Afinal, eles só poderiam dar aquilo que tinham e se aquilo que tinham eram poucos minutos de atenção à lousa, era naquilo que nos apegaríamos. Retomamos o abecedário em inglês, relembramos cada letra, a parte sonora e a escrita, e cantamos músicas para facilitar a memorização das crianças: tudo ficou mais leve. Era mais simples do que o peso que eu estava colocando.

Cada aluno tem seu tempo de aprendizado e se dedica de diferentes maneiras durante a aula. Era preciso ter paciência e dar o meu melhor, porque eles também se espelham nas atitudes dos professores e não merecem ver o seu pior lado naquele momento.

O convívio com outros voluntários também foi enriquecedor no sentido de entender os caminhos e as ambições de jovens de diferentes partes do mundo. Compreender o que trouxe cada um para aquele lugar e para onde iriam depois foi muito curioso. Nós éramos muito diferentes e, por isso, fomos atraídos por diferentes motivos àquele lugar. Mas algo nos unia.

Sovan e sua família foram imprescindíveis para esse momento da minha jornada, para conhecer melhor o povo cambojano, dar voz e nome às suas histórias de resistência e resiliência e presenciar, bem como admirar, suas conquistas diárias. Sentia essa força todos os dias enquanto estive na alegre Vila de Lolei.

CENTRO HARE KRISHNA DE SIEM REAP

Dormi uma noite em um albergue entre um voluntariado e o outro e logo peguei um *tuk-tuk* para o centro Hare Krishna de Siem Reap. Victor, meu amigo que morava há quase dois anos na Tailândia, o qual eu já mencionei algumas vezes neste livro e que já tinha me dado tantas dicas sobre o Sudeste Asiático, foi quem me recomendou passar um tempo voluntariando em um templo Hare Krishna.

Eu não conhecia muito sobre o movimento antes de chegar à Ásia, mas esse amigo já havia passado grandes temporadas em templos na Tailândia e na Malásia e me contava dos grandes aprendizados que ele havia vivenciado. Fiquei curiosa para conhecer os mantras, as práticas, a devoção ao deus Krishna e a relação intensa que eles têm com o vegetarianismo. Pesquisei se havia algum centro ou templo no Camboja e o único que eu encontrei foi esse em Siem Reap.

Kumudaksa e os outros dois voluntários, que também trabalham no centro, estavam me esperando no início da manhã para o café, que acontecia entre oito e nove horas. Eles estavam de jejum desde às 16h do dia anterior. Sentamos na mesa da varanda e comemos arroz, batata cozida com temperos indianos, banana e mamão.

Eles me contaram um pouco sobre a rotina deles: o ritual da manhã começa às 4h, já que deve ser feito antes da cidade "acordar", junto ao nascer do sol. Os cantos, as meditações, as leituras e as oferendas ao Deus Krishna e a Bhaktivedanta Swami Prabhupada, criador do movimento Hare Krishna, acontecem até às seis da manhã. Depois disso, era hora de preparar a comida e a primeira refeição aconteceria por volta das oito.

Depois de comer, alguns iam rezar ou meditar, outros iam ler ou assistir a documentários e filmes que mostravam a história do movimento Hare Krishna. O almoço era servido entre 14h e 16h e, depois disso, eles não comiam mais nada, pois o corpo

Álbum de fotos e vídeos do Centro Hare Krishna

113

deveria ficar limpo, purificado e desintoxicado para os rituais da noite e da manhã seguinte; o jejum era imprescindível.

Resolvi que, por mais desafiador que pudesse ser naquele momento, eu deveria entrar ao máximo na rotina deles e optei por participar de todas as atividades. Passei a dormir entre 18h e 19h para acordar às 3h e me preparar para o programa da manhã. Todos os dias às 3h30, Kamudaksa me buscava na *guesthouse* próxima ao centro e me levava para lá. Na volta, à tarde, eu fazia o mesmo caminho a pé.

No primeiro dia, ajudei um dos voluntários a fazer o almoço. Comi com eles e depois fui descansar.

Era estranho dormir sozinha depois de tanto tempo dividindo quartos. Até aquele momento, ainda não tinha ficado em muitos espaços sozinha. Apesar de sentir que uma nova etapa da viagem estava começando, isso não me deixava triste ou com mais saudade de casa. Eu estava aceitando bem as mudanças e entendendo que ainda tinha metade da viagem pela frente.

Na verdade, eu me sentia mais forte e corajosa para enfrentar o que viesse. E foi o que eu fiz: enquanto estive no centro, me entreguei de cabeça àquela rotina e senti os benefícios de participar de rituais religiosos, com muita fé e devoção a uma força amorosa. Foi lindo testemunhar a dedicação daqueles três homens a uma figura sagrada. Os mantras eram lindos e as canções comoventes.

Kumudaksa me contou da importância da Bhakti Yoga para o movimento Hare Krishna: é a yoga da devoção, pois ela busca, por meio da prática, a conexão perfeita com Deus. É uma prática que vai muito além da questão física, com o objetivo de elevar nosso espírito para outros planos. "Muitas pessoas praticam a yoga pensando apenas na saúde física e na estética e isso está errado", ele me disse.

Ele também me contou que qualquer seguidor do movimento em estágio de devoção deve tomar banho antes de comer, de rezar e depois de fazer suas necessidades fisiológicas. Eles não podem estar "sujos" ou impuros durante as atividades religiosas e, por isso, o celibato tam-

bém é extremamente importante. O corpo da pessoa devota deve estar livre de qualquer energia externa para poder receber o divino.

No meu segundo dia, visitamos uma comunidade a duas horas de moto de Siem Reap para levar comida vegetariana e cantar mantras com os locais. Kumudaksa me contou que esse é o principal objetivo dos devotos do movimento Hare Krishna: levar a comida vegetariana àqueles que ainda não conhecem esse estilo de vida. Uma das tarefas diárias de quem vive nos templos é cozinhar todos os dias para os que vivem ali e para outras pessoas, principalmente para os mais pobres ou os que passam fome. Eles também difundem a alimentação vegetariana como forma de proteger os seres vivos, principalmente as vacas, que são consideradas sagradas pela religião.

Um dos voluntários havia ido no dia anterior para essa comunidade deixar toda a comida preparada. Levamos as comidas para uma área espaçosa na vila onde pudemos cantar os mantras e compartilhar um pouco da religião com os moradores. Cantamos e fizemos algumas oferendas. As crianças ficaram especialmente envolvidas e participaram com muita energia. Por ser um movimento recente no Camboja, onde a maioria do país é budista, as pessoas ainda estranham as práticas.

Eu estava imensamente feliz de estar ali; senti-me leve, plena e transbordando alegria. Foi um momento lindo chegar naquela comunidade tão simples, no meio de uma área de natureza exuberante e poder cantar aqueles mantras sagrados e vivenciar o olhar curioso das crianças.

No meu penúltimo dia com eles, o voluntário mais novo, com quem eu passava a maior parte do tempo preparando as refeições do centro, levou-me para conhecer a faculdade em que ele iria estudar. Ele me contou que ainda não era monge e que não pretendia ser.

Apesar de ser budista, ele contou que foi o alto astral dos devotos ao movimento Hare Krishna e seus mantras alegres, tocados com muitos instrumentos, que o agradaram. Hoje ele vive lá e ajuda com tudo que é necessário, mas sem deixar os estudos de lado. Esperou juntar dinheiro e agora finalmente pôde se matricular em uma das faculdades de Siem Reap no curso de agronomia. Ele era super acolhedor e me mostrou com muita atenção vários lugares da cidade durante o passeio.

Fiquei imensamente grata pelo tempo em que passei com os monges e por tudo o que eles me ensinaram. Eles foram muito generosos e pacientes comigo. Saí de lá certa de que, ao voltar para São Paulo, procuraria um Templo Hare Krishna para relembrar o meu tempo em Siem Reap e me conectar com seus lindos mantras.

VILAS FLUTUANTES E O FESTIVAL NACIONAL DA ÁGUA

No meu primeiro dia fora dos trabalhos voluntários, organizei-me para fazer um passeio até as vilas flutuantes próximas à Siem Reap. Essas vilas são conhecidas pelas casas sustentadas em palafitas, estruturas compridas feitas de madeira ou bambu, que permitem que a casa fique mais alta que a altura do rio que se forma nos períodos das monções. Durante a seca, elas não têm nenhuma outra utilidade, mas garantem que as moradias não sejam inundadas pela volumosa água das chuvas no restante do ano.

O meu guia, apelidado de Honey, contou que essa vila em particular, chamada de Kampong Phluk, estava sofrendo de sobrepesca. A pesca acontece de forma massiva há muitos anos nessa região e os nativos costumam levar às cidades cerca de 10 mil toneladas de peixe por semana. Isso está prejudicando as espécies da região. É por isso que o governo local tem incentivado o turismo mais que a pesca, para tentar frear essa situação antes que seja tarde demais – e ainda assim fazer a economia local girar.

Por outro lado, o turismo também tem causado impacto — vários barcos passam pelas águas da vila todos os dias, liberando combustível e poluindo, comprometendo boa parte da renda dos moradores da região.

Segundo Honey, os locais recebem taxas que estão embutidas nos preços dos passeios de barco. E isso me fez pensar sobre a quantidade de turistas que visitavam a vila diariamente, o ano todo, para ver as casas paupérrimas e as condições insalubres dos cambojanos que vivem ali, tiram fotos de sua intimidade e penetram em suas medíocres vidas. Se nada fosse oferecido em troca para os moradores da vila alguma coisa estaria muito errada. Segundo Honey, eles saem ganhando pelo aumento do turismo na região por conta dessa renda que recebem a cada passeio de barco.

No total, visitamos três das 100 vilas que existem nessa região. Para sobreviver ao aumento do volume de água do rio durante as monções, as crianças aprendem a nadar aos três anos de idade. Aos seis, elas já sabem usar os barcos e vão sozinhas para a escola. Na época das chuvas, a região forma o maior rio do sudeste asiático.

Antigamente eles usavam bambu para construir as casas. Hoje o bambu se tornou mais caro que a

Álbum de fotos
Vila flutuante e
festival da água

madeira, sendo necessário ao menos 600 troncos da espécie para construir uma única casa.

Também andei em uma canoa para conhecer o mangue que se forma no período das chuvas.

Quando voltei para Siem Reap, aproveitei o Festival da Água, chamado de Bon Om Touk, em *khmer*. A celebração consiste em três dias de festival durante a lua cheia em outubro ou em novembro, todos os anos. Historicamente, neste festival comemora-se a inversão do fluxo entre os rios Mekong e Tonle Sap. O festival é também um momento de agradecer à água dos rios por fornecer ao país as terras férteis, a abundância agrícola e os peixes que lhes servem de alimento.

A atração principal do festival é a corrida de barco que acontece em várias cidades, incluindo Siem Reap e a capital, Phnom Penh. Os barcos feitos de madeira eram compridos e com largura estreita, semelhantes às canoas, e abrigam cerca de vinte pessoas. Vários grupos competem ao longo dos três dias de festival, mais homens que mulheres, e os times treinam o ano inteiro para essa data.

Durante os três dias de festival, as margens do rio Siem Reap ficam cheias de visitantes, de barracas de comida e de vendedores ambulantes. Foi a primeira vez que pude presenciar os cambojanos ocupando os lugares públicos da cidade, uma vez que os turistas são os que mais transitam por ali. Por mais que haja o comércio dos locais, poucas vezes eles são vistos desfrutando de seus momentos de lazer ali.

Por ser um dos maiores festivais do Camboja, eles aproveitam esses poucos dias para estarem com a família. Todos estendem toalhas e esteiras na grama, levam suas comidas de casa e passam o dia inteiro sentados, conversando e assistindo às corridas.

As crianças se divertem com as várias atrações que tomam conta das ruas, como os brinquedos gigantes temporários e as gincanas, além da "festa de mangueira" que acontece à noite, onde uma "chuva artificial" é liberada a partir de grossos cabos de mangueiras e refresca a todos que passam pelas ruas, que dançam ao som estridente que saem de grandiosas caixas acústicas.

DESBRAVANDO A CAPITAL, PHNOM PENH

Quando saí de Siem Reap, passei uma semana em uma ilha chamada Koh Rong Samloem. Pouco turística, pequena e conhecida por abrigar várias vilas de pescadores. Nos últimos dez anos, a ilha passou a receber alguns turistas, mas, em 2017, ainda estava longe de ter um fluxo massivo de visitantes. Descansei, renovei-me ao entrar no mar depois de tanto tempo longe dele e resolvi ler o livro *First They Killed My Father* para conhecer a fundo os detalhes sobre o genocídio que assombrou o país na década de 1970.

Quando estava no ônibus indo para a capital, aconteceu uma sincronicidade. Uma mulher sentada no banco da frente começou a falar comigo em inglês. Pelos traços, pude notar que ela era cambojana e que deveria ter cerca de quarenta anos. Seu nome era Victoria e ela estava com o marido norte-americano no banco da frente e com os dois filhos adolescentes nos bancos ao lado.

Ela me contou que depois da ditadura e do genocídio cambojano pelo regime de Pol Pot, quando tinha 14 anos, ela conseguiu se refugiar no Texas, como aconteceu com muitos cambojanos, inclusive com a autora do livro que eu acabara de ler, Loung Ung. Victoria me disse que ela também havia trabalhado em campos de concentração e que também foi separada de sua família à força. Eu disse que estava emocionada com sua história, principalmente porque eu tinha acabado de ler o livro; aproveitei e perguntei se ela já o havia lido alguma vez e ela foi contundente: "meu marido vive me dizendo para eu ler, mas eu não acho que eu devo. Eu vivi todo o relato da autora na pele, eu fui uma das sobreviventes e sei da dor que ela relata em sua obra".

Conversamos mais um pouco e ela me contou que estava apenas de passagem, viajando com a família e levando-os para conhecer a história de seu país — eles foram poucas vezes para o Camboja desde que tivera os filhos.

Álbum de fotos
Phnom Pehn

Refleti sobre quantas histórias como as de Victoria e de Luong Ung não pairam em solo cambojano e quantas delas estão silenciadas. A maioria dos habitantes do país têm parentes com histórias da guerra e do genocídio por ele ser tão recente. Contudo, por ser um marco pouco conhecido mundialmente, essas histórias se perdem no tempo e no espaço.

Sobre a capital

Phnom Penh é uma cidade grande e com boa infraestrutura. Desde Bangkok, fazia tempo que eu não estava em uma cidade cosmopolita. Passava meus dias caminhando para todos os pontos de visitação, mesmo que fossem distantes uns dos outros, era o meu jeito de conhecer aquela cidade tão vibrante e curiosa. Entrava em becos, ruelas, mercados, feiras, lojas, andava na margem do rio e falava com as pessoas. Vivi intensamente meus dias na capital cambojana.

A rua onde fica o Palácio Real estava super movimentada, cheia de estudantes que carregavam consigo bandeiras e fotos do rei Norodom Sihamoni. Todos estavam aglomerados, esperando para ver o monarca passar de carro pelo local. Há dois dias havia sido comemorada a data da independência do Camboja e este era o momento em que o rei passava pela capital para prestar uma homenagem ao país. Os locais ali presentes estavam profundamente felizes com a visita da figura real e eu acabei me emocionando com tamanha devoção.

Quando meu último dia no Camboja chegou, peguei um táxi do albergue até o aeroporto. Meu próximo destino seria para Yangon (também conhecida como Rangun), capital de Myanmar.

Conversei um bom tempo com o taxista, que era um homem articulado e com ideias inspiradoras. O sr. Makara me contou que seu sonho quando pequeno era ser médico e que quando jovem conheceu uma pessoa que poderia levá-lo para estudar e trabalhar com isso em Copenhagen, na Dinamarca. Segundo ele, naquela época, o governo cambojano estava barrando as pessoas que queriam morar fora do país. Até hoje, existem algumas medidas rígidas para os cambojanos que decidem emigrar. "O governo quer que as pessoas trabalhem aqui; não quer que elas estudem e tenham senso crítico. A maioria não sabe ler nem escrever e isso é ótimo para os políticos que estão no poder". Esse pensamento me pareceu um resquício do que levou o ditador Pol Pot a forçar toda a mão de obra do país às áreas rurais e assassinar qualquer pessoa que tivesse conhecimentos básicos ou que fosse intelectual.

Então, o sr. Makara me contou sobre a pequena cidade de onde ele veio e de onde herdou uma biblioteca que era de um amigo seu. "Até agora, ela é apenas um símbolo de educação, mas ela não é útil, ainda não ajuda os moradores da cidade de forma efetiva. É preciso passar por uma reforma, construir estruturas sólidas de tijolos e deixá-la com ótima infraestrutura. O meu sonho é transformá-la em uma escola de inglês, de modo que eu consiga formar pessoas boas para o mundo".

Continuamos a conversa e eu disse que era estudante de jornalismo. "Ah! Jornalismo! Essa é uma profissão perigosa, mas agora eu entendo por que tudo que você fala me parece tão certo", ele replicou. Continuamos a conversa e ele me contou sobre a sua insatisfação com o governo atual que está há décadas no poder e que, segundo ele, compra votos para permanecer nesta posição. "Eles falsificam os votos em todas as eleições para dizer que venceram, mas a gente sabe que não é verdade, porque ninguém acredita neles; são corruptos e não fazem nada de bom para o nosso povo. É uma ditadura disfarçada de democracia".

O sr. Makara me contou sobre os laços sólidos entre o governo do Camboja e o governo do Vietnã. "Desde que o Vietnã nos 'salvou' do regime de Pol Pot, nossos políticos são submissos ao governo vietnamita. Até a nossa eletricidade vem do Vietnã e é por isso que nos custa tão caro. Ao menos um quinto da população do Camboja é vietnamita e eles têm voz ativa aqui no país".

Despedi-me do senhor Makara muito agradecida pela nossa conversa. Pensei nele e em todas as histórias de pessoas tão diferentes que tive o privilégio de conhecer no Camboja.

Estava emocionada por tudo que estava acontecendo. Estava grata, como vinha acontecendo com frequência nos últimos meses.

Senti-me ainda mais grata por valorizar a relação que construí com meu pai e minha mãe. Ambos confiaram tanto em mim e me deram todo o amor e apoio possíveis para realizar este sonho.

Entendi que sou muito privilegiada por receber tanto amor incondicional da minha família, dos meus amigos, das pessoas queridas que eu conheço no caminho. E que o mínimo que posso fazer com todo este amor é doá-lo de volta, junto com meu carinho e com o conhecimento que carrego dentro de mim para as demais pessoas que conheço, sejam elas crianças ou adultos. "Esse é com certeza um dos meus propósitos nessa vida: fazer a diferença no mundo ou, ao menos, no mundo à minha volta", pensei enquanto entrava no aeroporto.

O que senti do contexto histórico e político do país

O genocídio cambojano aconteceu entre 1975 e 1979, período em que o país esteve sob a ditadura de Pol Pot, líder do regime comunista conhecido como Khmer Rouge ou Khmer Vermelho. Khmer é o nome dado ao idioma e ao povo do Camboja na língua nativa.

Por uma utopia agrária, o líder militar Pol Pot e o Khmer Vermelho mataram ou provocaram a morte de quase um quarto da população cambojana da época (cerca de 1,7 milhão de pessoas). Ele foi formado no final da década de 1960 com o apoio do exército do Vietnã do Norte, que, na época, estava em guerra com o Vietnã do Sul.

O Camboja já vivia uma Guerra Civil pela polaridade entre as influências políticas no país: o governo, que era republicano, e a ascensão de partidos democratas que desejavam tomar o poder. Até que, em 1975, o Khmer Vermelho deu um golpe de estado, derrubou o governo republicano e instituiu o Kampuchea Democrático. Eles invadiram a capital, Phnom Penh, e logo expulsaram as pessoas da cidade.

Naquele dia, a maioria não sabia o que estava acontecendo: muitas pessoas comemoravam a vinda dos soldados e aplaudiam seu trabalho nos conflitos recentes. Foi somente ao entardecer que as pessoas entenderam que deveriam deixar suas casas o mais rápido possível e migrar rumo ao campo. Como pretexto, o exército dizia que havia a possibilidade de Phnom Penh ser bombardeada nos dias seguintes pelos norte-americanos e que era preciso encontrar lugares seguros para ficar nos dias que se seguiam. Contudo, ninguém voltou mais à cidade.

O partido começou a despovoar as cidades, forçando a população a se mudar para as áreas rurais. Pol Pot queria criar um estado comunista em que toda a população trabalhasse na terra para desenvolver rapidamente a economia do país. O ditador acreditava na superioridade do povo *khmer*, dos cidadãos puros cambojanos. Por isso, decretou o extermínio dos outros grupos étnicos do país, como os chineses e os vietnamitas. O mote que eles seguiam era: "manter você não é um benefício, destruir você não é uma perda".

Pol Pot também quis trazer à tona as raízes *khmer* ao país, à época em que todos eram camponeses tradicionais, sem os impactos das influências ocidentais capitalistas. Os trabalhadores urbanos, considerados a elite do país, os cidadãos letrados e com maior nível de educação, deveriam ser mortos. Pol Pot mandava matar médicos, enfermeiros, professores, artistas, qualquer cidadão que tivesse o mínimo de conhecimento e de ensino ou que, por exemplo, usasse óculos de grau, pois significava que a pessoa tinha interesse em leitura e isso era intolerável. Milhares de pessoas foram mortas sob tortura, muitas delas em uma antiga escola de Phnom Penh, que se tornou a Unidade de Aprisionamento e Interrogatório S-21, ou Tuol Sleng, que em *khmer* significa "montanha das árvores venenosas".

Hoje o local é o Museu do Genocídio Tuol Sleng. Entrei nas celas e salas de tortura. Experiência aterrorizante e que reflete a energia pesada do local, mas necessária para quem deseja sentir e conhecer mais afundo os horrores que parte da população cambojana foi submetida.

Quando conversei com o meu guia nesse passeio a respeito do genocídio, surpreendentemente, ele me contou que até os 16 anos de idade não fazia ideia da tragédia que marcou a história de seu país. Ele disse que não foi falado nada a respeito durante seus anos na escola e que só foi descobrir as cicatrizes do Camboja quando adolescente, em uma conversa com sua família.

O Khmer Vermelho forçou os cidadãos a saírem das zonas urbanas e a migrarem para as "fazendas coletivas", atualmente chamadas de "campos de trabalho forçado", onde eram submetidos a exaustivas horas de trabalho braçal, condições precárias de higiene e de alimentação, execuções em massa, desnutrição e doenças. Além disso, as famílias muitas vezes eram separadas ao chegarem nas "fazendas", uma vez que cada faixa etária trabalhava com uma atividade diferente e em locais diferentes. A maioria morria de desnutrição ou por execução. Em nada se diferenciava dos campos de concentração nazistas. E mesmo assim, ouve-se falar muito pouco no genocídio cambojano.

Um livro que conta muito bem a história do genocídio e a realidade vivida nos "campos de concentração" é *First They Killed My Father*, escrito pela cambojana Loung Ung, como mencionado anteriormente. Ela viveu esse período assombroso dos cinco aos nove anos de idade e relatou anos depois cada detalhe em sua obra. O livro ficou conhecido mundialmente e em 2017 virou filme pela Netflix, dirigido por Angelina Jolie.

É triste perceber como não somente nos países ocidentais, mas também no Camboja, o genocídio não é colocado em pauta nas escolas e instituições de ensino. Uma tragédia que deveria ser mais reconhecida, até mesmo pelos filhos desse massacre, para que não seja mais repetida.

CAPÍTULO 05

IMERSÃO EM MYANMAR

Não vemos as coisas como são; vemos as coisas como somos.
Anaïs Nin

• mais de 3 meses de viagem

YANGON

Cheguei em Yangon, antiga capital do país, conhecida também como Rangum, no dia 13 de novembro. Fazia mais de 3 meses que eu estava na Ásia.

A capital atual, Naypyidaw, não é nem tão visitada e nem tão turística, já que ela se tornou o centro do país somente por questões militares, que fizeram com que o governo realizasse esta mudança em 2005. Yangon, portanto, continua mais carregada de história.

Quando saí do aeroporto de Yangon, esperei ao lado de fora por um táxi. Os homens que aguardavam, em sua maioria motoristas, surpreendentemente usavam saias, ou melhor, *longyis*: um pedaço de tecido, que pode ter o toque mais fino ou mais casual, e que possui cerca de dois metros de comprimento e oitenta centímetros de largura. A sua forma costuma ser cilíndrica e ele é colocado e dobrado em volta da cintura do homem, ao longo das pernas e até a altura dos tornozelos. Eles também são usados em algumas regiões da Índia, em Bangladesh e no Sri Lanka. Mas só fui me informar disso posteriormente, o que justifica a minha surpresa naquele momento.

No caminho do táxi, observei a cidade. Era diferente de tudo o que eu já tinha visto. Grande e urbana, ônibus e carros passavam o tempo todo pelas ruas, mesmo sendo tarde da noite. Não havia moto-

Álbum de fotos de Yangon

cicleta, pois o governo proibiu o uso de motos na cidade para diminuir a poluição, o trânsito e os acidentes. Yangon me lembrava algumas cidades que conheci no leste europeu, como Varsóvia e Kiev. As construções eram frias, grandes e geométricas, sempre em tons de cinza. Muitas pichações nas paredes e letreiros luminosos de neon em estabelecimentos comerciais.

Apesar do aspecto urbano e moderno de partes da cidade, principalmente nas zonas mais nobres e nas grandes avenidas, os demais cantos da cidade mostravam outro cenário. Os prédios estavam deteriorados, com roupas penduradas pelas janelas, cabos e antenas para fora e as cores acobreadas do tempo se misturavam entre os singelos apartamentos. Essa estética intrigante, rústica e desgastada logo me encantou.

Desbravando essa cidade enigmática

O rosto dos birmaneses refletia a mistura étnica e cultural do país. Alguns me lembravam os tailandeses, outros se assemelhavam aos indianos e nepaleses e alguns não me lembravam nada do que eu já havia visto antes. O país apresenta notável diversidade religiosa, apesar de ser majoritariamente budista. Eu passava horas observando os diferentes rostos na rua, imaginando as histórias daquelas pessoas, suas origens.

É comum ver as pessoas nas ruas com um pó amarelado no rosto, de textura seca. Alguns passam a pasta no rosto inteiro, outros apenas em suas bochechas ou no nariz, e algumas mulheres ainda fazem desenhos geométricos ou de folhas de árvore com o pó.

A tradição birmanesa é feita a partir do pó da casca de uma árvore local que se chama *thanaka*. É fácil comprá-la em estabelecimentos comerciais, vendidas em pequenos troncos previamente cortados e embalados junto a um suporte de pedra que permite realizar a moagem.

Os birmaneses mais tradicionais compram essas peças e esfregam a casca da árvore na pedra até produzir uma quantidade suficiente do pó que, misturado à água, transforma-se em uma pasta. Também existe a possibilidade de comprar o pó pronto. Tal prática é feita para proteger a pele do sol e para acalmá-la após um dia de exposição ao sol. As mulheres também desenham ornamentos em seus rostos por uma questão estética, como uma prática de beleza.

Outro hábito curioso do país é o vício dos homens, muito mais que das mulheres, em comprar um tipo de tabaco mastigável com especiarias locais. Ele é vendido no formato de "charuto", mas com aparência rústica, enrolado em uma folha fresca de *bétele,* recheado com noz de areca e colado com cal.

Eu via os homens na rua mastigando uma coisa que ocupava a boca inteira e que fazia com que eles cuspissem um líquido vermelho a cada poucos minutos. No começo, eu achava que era realmente sangue e que muitos deles estavam doentes e precisavam colocar o líquido para fora junto à tosse.

Posteriormente, eu comecei a ver barraquinhas a cada esquina. Os vendedores enrolavam o tabaco escolhido pelo cliente junto às especia-

rias dentro da folha e vendiam em um saquinho plástico com cerca de oito "charutinhos". No começo, eu achei que era alguma comida típica do país e cheguei a pedir alguns para provar. Só entendi do que se tratava quando o comerciante me perguntou qual tipo de tabaco eu desejava e apontou para as latas do produto. Então entendi tudo: os homens compravam aquele "chiclete de tabaco", mastigavam enquanto durasse e cuspiam nas ruas o líquido abundante que se formava em suas bocas.

Certa vez, peguei um ônibus com um homem ao meu lado que levou um saquinho plástico consigo para cuspir o líquido de sua boca ao longo da viagem. Também andei com um taxista que abria a porta do seu carro a cada poucos minutos para colocar o líquido para fora. O fato é que 80% da população birmanesa consome esse "chiclete" tóxico que, muitas vezes, chega a causar câncer de boca.

Durante o tempo que passei em Myanmar, vi poucas mulheres consumindo a iguaria. No sudeste asiático, em geral, presenciei meia dúzia de mulheres fumando cigarros ou charutos.

TRABALHO EM TEMPLO BUDISTA E CENTRO DE MEDITAÇÃO

Depois de um dia passeando pela cidade, fui para o meu último trabalho voluntário da viagem. Dessa vez, fiquei uma semana em um templo de monjas budistas que estava em construção. Elas precisavam de ajuda para montar o jardim e organizar a área externa do templo, com plantas, flores e árvores frutíferas. O templo também era um centro de meditação onde práticas e ensinamentos budistas eram proporcionados pelas monjas.

Cada vez mais aumentava a minha vontade de estudar o budismo afundo e a prática de meditação Vipassana, própria da religião. Além disso, o fato de ser um templo com monjas mulheres também me entusiasmou na hora de tomar essa decisão. Estava curiosa para entender sobre a diferença entre a dinâmica delas e a dos templos liderados por homens. Por estar localizado no meio da natureza, a uma hora de carro de Yangon, sabia que a minha estadia no templo me faria muito bem.

Peguei um táxi e paguei cerca de dez dólares por essa corrida que durou quase duas horas, por conta do trânsito intenso na saída da cidade. O motorista falava pouco inglês, mas se esforçava ao máximo para manter uma boa comunicação comigo e me fazer sentir à vontade em seu carro. Ele parou em certo momento para comprar cigarro e comprou uma banana para mim sem que eu tivesse pedido.

Quando cheguei no templo de *Aggacara,* o sol estava a pino, os voluntários e as duas monjas se preparavam para almoçar. Além de mim, uma menina alemã chamada Tivi estava voluntariando por quase um mês no local. Ela viajava há quase dois anos sozinha e a maior parte da sua viagem pelo Oriente Médio e Ásia foi feita pedindo caronas. O outro voluntário era o Walfred, um inglês de quase trinta anos que estava fazendo seu mestrado em budismo em uma faculdade de Yangon e passava um tempo neste templo para colocar em prática seu aprendizado.

O templo era comandado pela "monja-chefe", que eu deveria chamar de Sayagyi Aggati (o primeiro termo é um nome em respeito à sua autoridade e o segundo é o nome propriamente dito). Abaixo dela e com quem nós mantínhamos mais contato estava Sayagyi Cala. O terceiro integrante do templo era um homem transgênero que elas chamavam de *tomboy.*

Ele tinha nascido mulher, mas se identificava com o gênero masculino e o assumiu. Apesar de elas aceitarem a sua decisão, Sayagyi Aggati uma vez me disse: "nós a chamamos de 'ela', mesmo que o *tomboy* prefira que a gente se refira a ela como 'ele'". Estranhei a decisão da monja, mas não a confrontei. Mas, eu, particularmente, respeitava seu pedido e sempre me referia a ele no masculino.

Segundo a Sayagyi Cala, era comum isso acontecer em Myanmar, uma vez que "mulheres são mais fracas e é compreensível que elas queiram ser um homem e ter os mesmos privilégios que ele tem na sociedade", como me disse uma vez. Questionei ela se o contrário também acontecia: se era comum homens que se identificavam com o gênero feminino assumirem isso no país. Ela me respondeu: "porque

alguém decidiria, por vontade própria, pertencer ao sexo fraco?" Escutei aquela pergunta retórica com um nó na garganta, mas decidi não prolongar o assunto.

Elas também contaram que o *tomboy* tinha sido discriminado dentro de sua casa e como ele morava na vila próxima ao templo, as monjas decidiram acolhê-lo como voluntário na cozinha do centro. Além disso, como elas costumavam viajar, era sempre bom que houvesse alguém cuidando do local.

Nos centros e templos budistas, os monges e as monjas não costumam cozinhar. Naqueles liderados por homens, são voluntários que ficam na cozinha preparando a comida que é doada pelos moradores da vila e recolhida pelos monges. É parte de sua rotina acordar ainda de madrugada e andar pela cidade recolhendo as doações, uma vez que não era permitido que eles comprassem e nem cozinhassem. Por outro lado, nos centros liderados pelas monjas, as doações são mais escassas e menos voluntários se candidatam a ficar em suas cozinhas, já que existe uma discriminação pelo fato de serem mulheres. Na escala hierárquica da instituição budista, elas são menos importantes do que os monges homens. Por conta disso, na maioria dos lugares, as próprias monjas cozinham a sua comida.

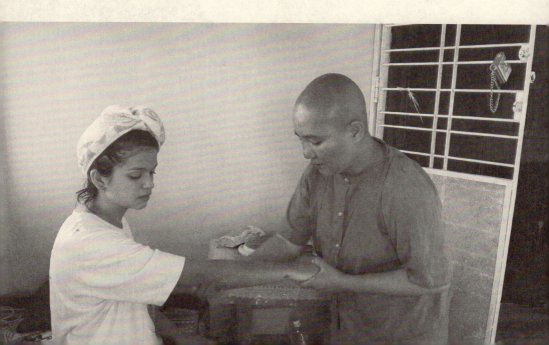

Sayagyi Aggavati e Sayagyi Cala comprovavam sua resiliência a cada dia. Construíram o templo juntas há três anos e, enquanto ainda estavam em obra, elas se apertavam em um único quarto pequeno, ao lado de fora da obra, expostas ao perigo de cobras, que frequentemente apareciam por ali.

Aggavati é birmanesa, ou seja, pertence ao maior grupo étnico de Myanmar, e Cala é da Malásia e, apesar de parecer bem mais jovem que a primeira, ela exerce o trabalho como monja há 14 anos. Elas também construíram um templo Aggacara na Malásia e, por isso, viajavam em certos períodos do ano para dar aulas de budismo para as crianças de lá.

A monja-chefe estava doente no período em que eu estive lá e, por conta disso, eu a via pouco, somente na hora de pegar o café da manhã e em alguns outros momentos do dia. Ela era doce, tratava-nos como uma mãe, passava *thanaka* em nossos rostos e braços depois do banho para refrescar nossos corpos do árduo sol que enfrentávamos todos os dias de trabalho.

A rotina no templo era rígida. Nós acordávamos às 4h30 da manhã e começávamos a meditar por volta das 5h. Primeiro, cerca de trinta minutos de meditação em pé (esse tipo de prática exige que você esteja atenta a cada movimento que o seu pé e o seu corpo fazem ao dar um passo). Os olhos devem estar abertos e atentos ao que está à sua frente. É preciso andar em linha reta até certo ponto, parar, manter a posição, virar o corpo e voltar ao ponto em que a caminhada se iniciou. Eu costumava fazê-lo do lado de fora da casa. Era lindo ver o céu ainda estrelado e as primeiras cores surgirem ao amanhecer.

Em seguida, fazíamos a prática sentada. Eu ficava cerca de uma hora nessa meditação. No começo não foi fácil, nem acordar de madrugada e muito menos ficar duas horas em estado meditativo. Mas conforme os dias passaram, eu me acostumei e gostava cada vez mais da rotina. Sentia cada vez menos vontade de conversar ou de falar, o silêncio estava se tornando meu melhor amigo e as palavras eram valiosas. Quem ficava feliz com isso era Sayagyi Cala, que vivia dando broncas para que os voluntários cultivassem o silêncio, conversando apenas sobre o que fosse realmente necessário.

Ninguém era obrigado a ficar todo esse tempo meditando. Quem não quisesse, podia parar e ajudar a varrer o chão do salão ou fazer outra atividade até a hora do café da manhã. Às sete, nós buscávamos nosso café na cozinha junto ao *tomboy* e às monjas e comíamos juntos em um outro espaço, sem a presença deles, mas, primeiro, os agradecíamos pelo preparo da refeição.

Depois do café, a gente trabalhava até às 12h, quando parávamos para o almoço. Os trabalhos eram bem variados, mas bastante braçais, já que estávamos construindo um jardim para o centro. Além do jardim, boa parte da área externa do sobrado ainda estava sendo construída e isso demandava a construção de pequenos muros de tijolos para passar a água das chuvas. E nós também plantávamos árvores frutíferas, legumes e verduras em sua horta.

Além disso, por ser um templo relativamente novo, era preciso fazer placas dispostas entre a entrada da estrada e o caminho de terra para guiar os voluntários com uma boa sinalização de como chegar ao templo.

Um dos meus trabalhos consistia em reutilizar as poucas embalagens de plástico usadas no dia a dia e transformá-las em vasos com flores para enfeitar as grades externas do templo. Eu recolhia a terra fértil do lado de fora do centro, cortava as garrafas PET e colocava a terra dentro delas. Depois, colhia flores que já tinham crescido no jardim para replantá-las no potinho. Pendurava tudo nas portas e grades do espaço. Eu também estava encarregada de regar todas as plantas e flores à tarde, além de colher as verduras e os legumes que seriam usados no almoço e no jantar.

A terceira tarefa consistia em cuidar dos filhotes de cachorros que as monjas haviam adotado da rua. Eram cinco filhotes que tinham acabado de chegar e eu deveria colocá-los para dormir. Eu também era responsável por limpar os sete banheiros. Às vezes, ajudava pintando e colocando pregos nas novas placas de localização do templo.

Antes do almoço, todos deveriam tomar banho para se purificar. Essa era uma das regras: estar sempre limpo para receber a comida. Nós também rezávamos antes de comer, agradecendo àquele momento. Depois da refeição, tínhamos das 13h às 17h livre e o jantar era servido às 17h30. Era permitido descansar, ler livros, lavar roupas, passear pela vila ou até conversar com as monjas.

No andar de cima do sobrado, pegávamos emprestado alguns livros sobre o budismo. Era interessante aproveitar este momento para ler sobre a religião, uma vez que, depois do jantar, participávamos da *dhamma talk,* quando a Sayagyi Cala sentava conosco para contar algumas passagens da vida de Buda e repassar seus ensinamentos.

Como Buda foi professor, o papel de ensinar dentro dos templos é muito importante. Depois que foi iluminado, Buda passou a maior parte de sua vida repassando seu conhecimento para os demais e isso é muito valorizado pela religião. Segundo Sayagyi Cala, o ato de ensinar era uma questão hierárquica, em que o professor está acima do aluno e este deve respeitar e não questionar o ensinamento. Ela deixava clara a relação vertical estabelecida entre professor e aluno.

Era comum que ela nos desse respostas atravessadas e nós devíamos abaixar a cabeça e aceitar sua visão sem argumentar.

Essa situação incitou conflitos com alguns voluntários, e eu aprendi a ter paciência e trabalhar a tolerância e a empatia com aquele que é diferente de mim. Esse contexto me ensinou a escutar mais e falar menos, entender que cada um dá aquilo que tem e que eu devo respeitar a visão de mundo das outras pessoas, assim como espero que a minha seja respeitada. Saí da minha zona de conforto e me conheci de uma outra forma.

Meditações

Após a conversa, saudávamos à Buda e à monja, líamos mantras e orações e meditávamos das 21h às 22h, pouco antes de dormir. O mais interessante do nosso trabalho braçal era poder aplicar o *mindfulness* (estar 100% atento ao momento presente; estar concentrado no aqui e no agora), termo conceituado na meditação vipassana. Essa meditação exige a "rotulagem" de todo e qualquer sentimento que passe na sua cabeça durante o dia, seja na meditação ou não.

Se você sentir raiva, você repete para si a palavra "raiva", rotulando seu sentimento, até que ele não esteja mais presente. Caso sinta vontade de se coçar, deve também repetir "vontade de coçar" até o desejo ir embora.

Dessa forma, a pessoa está 100% atenta aos pensamentos, aos sentimentos e às manifestações do corpo. Cada sentir fica evidente. É também uma forma de acolher o sofrimento em vez de abafá-lo ou ignorá-lo. É preciso entender o sofrimento e deixá-lo ao seu lado, buscando entender a sua origem.

Enquanto eu colhia a terra, plantava nos vasos e limpava o banheiro, eu estava com a mão na massa e isso me ajudava a focar somente no momento presente. Era uma terapia. Eu estava tão atenta àquela única tarefa que meus pensamentos vinham com menos frequência e eu conseguia ficar em estado meditativo por mais tempo.

Por conta disso, as monjas não permitiam que a gente escutasse música ou cantasse. Segundo elas, deixar uma música tocando significa se perder nos pensamentos e não deixar a mente focar no que realmente estamos fazendo.

Um pouco mais sobre o Budismo

Outro ensinamento importante do budismo é o desapego. Quando entendemos que as coisas são como são, aliviamos o sofrimento. Segundo Buda, "viver é sofrer", uma vez que todo apego, seja a uma pessoa, a uma memória, a um lugar ou a um sentimento gera sofrimento. Apenas com a prática da meditação é que se atinge, aos poucos, o desapego e a aceitação de que as coisas são como elas são e devemos deixá-las ser e deixá-las ir. Carrego essa lição comigo, como um mantra.

Nesse sentido, outra importante lição é de que "a vida é impermanente, mas a morte é permanente". Aceitar a impermanência da vida faz parte para se adaptar às mudanças e situações imprevisíveis.

Sayagyi Cala me recomendou mentalizar essa frase e repeti-la durante minhas meditações até que eu internalizasse a ideia e não sofresse tanto ao dizê-la, quando compartilhei sobre o meu medo da morte.

Também perguntei como ela lidaria se alguém muito próximo de sua família morresse e ela me respondeu: "é claro que eu sofro, eu também sou humana. A diferença é que eu sofro muito menos. A minha prática de meditação diária e a minha atividade monástica me amparam para que eu aceite mais o sofrimento todos os dias".

Em uma das *dhamma talks*, ela também contou sobre a importância da "percepção" no budismo, sendo considerado uma das quatro nobres verdades de Buda. Segundo Sayagyi Cala, tudo é questão de percepção. O oceano não é azul, é apenas um reflexo do céu; o sol não nasce nem morre todos os dias, ele está sempre lá; o que muda é a nossa percepção para enxergar essas situações. É por isso que, segundo ela, devemos sempre buscar as respostas por nós mesmos, pois cada um sempre terá sua verdade sobre um mesmo fato e é essencial chegar sozinho, por meio das experiências pessoais, às próprias conclusões.

Durante uma das meditações da manhã, no meu último dia, veio em minha cabeça parte da música "Como uma onda", do Lulu Santos. "A vida vem em ondas como um mar, num indo e vindo infinito (...) tudo que se vê não é igual ao que a gente viu há um segundo, tudo muda o tempo todo no mundo".

Esse trecho me fez pensar sobre a impermanência da vida e como devemos aproveitar cada momento presente lembrando que logo ele desaparece. O próprio movimento infinito das ondas nos recorda de que tudo passa e que nada permanece igual.

Fui embora do templo feliz por tudo que havia vivido e aprendido lá. Estava grata pelos dias em que pude ver o nascer e o pôr do sol com uma linda vista para a natureza, em contato com a terra e com o silêncio da mata. Foram dias lindos, de muito trabalho interno, aprendendo a escutar a voz do silêncio e a apreciá-la.

As monjas se tornaram mães para mim e eu não contive as lágrimas ao me despedir. Ainda penso em voltar para Aggacara e ver o templo pronto, com o jardim feito e com as plantas que cultivei com tanto carinho florescendo acima de suas fortes raízes.

Outras experiências em solo birmanês

Quando deixei o templo, mal sabia que Myanmar seria o país que mais me marcaria pelo privilégio de assistir ao nascer e ao pôr do sol quase todos os dias. Na maioria das cidades turísticas, os albergues oferecem passeios para acompanhar o sol nos melhores mirantes, nos melhores momentos do dia.

Passei mais dois dias em Yangon e desbravei incontáveis ruas, encantada pelas cores da cidade. Ainda era estranho estar em uma cidade tão agitada depois de quase dez dias de paz e meditação no centro, mas aos poucos pude me acostumar.

Dos países budistas que eu havia visitado até então, Myanmar foi o que mais vi monjas budistas. Nos demais, é mais comum cruzar mais com homens exercendo a atividade monástica.

Outra coisa que percebi como um denominador comum entre todos os países que havia visitado até então era que eles não tinham o hábito de usar sapatos fechados, como o tênis, por exemplo. O chinelo é o sapato mais comum usado pela população diariamente, em qualquer que seja a circunstância. Por exemplo, presenciei em vários momentos pessoas locais usando chinelos e tamancos para subir centenas de degraus para chegar a monastérios que ficam no alto da montanha ou até durante uma caminhada na natureza.

No último dia em que passei na cidade, fiz um passeio pouco turístico: peguei um trem circular que, por três horas, passa pelo centro e periferia de Yangon. Entrei no vagão na estação central na parte da manhã e voltei para o mesmo local na hora do almoço.

Sentei-me ao lado de uma freira católica, que puxou conversa se apresentando como irmã Mônica. Ela estava muito feliz com a visita do Papa Francisco

Álbum de fotos de entardeceres e amanheceres

ao país, que vinha ao final do mês de novembro em nome de paz pela crise dos refugiados da etnia *rohingya*.

Ela me contou que aprendeu inglês enquanto ainda estava na escola e que nunca se esqueceu do idioma. Disse também que apesar de ainda haver a atuação direta dos militares, o país saiu da situação de extrema pobreza que vivia nas décadas anteriores. Ela também ficou feliz ao perceber que foi a luta do povo que fez com que o país abrisse as portas para o turismo.

No final da nossa conversa ela disse que rezaria muito por mim. Comentou que o papel das freiras católicas no convento em que ela vive é cuidar de crianças e de mulheres que sofrem pela desigualdade social no país. Elas os acolhem e oferecem carinho. A irmã Mônica desceu vinte minutos após o nosso encontro e eu continuei meu caminho no vagão. Pensei na vida daquela freira, em como seria ser devota de uma religião que simboliza uma parte ínfima das crenças de um país.

HPA-AN

Quando acabou o passeio, dei mais uma volta pela cidade e, no final do dia, peguei um ônibus noturno para o meu próximo destino: Hpa-An. A cidade ainda é pouco turística e está mais ao sul de Myanmar. A vegetação e a natureza são impressionantes: as paisagens são uma mistura de folhagens secas e de árvores milenares, contrastando com cavernas e monastérios no alto das montanhas, com vegetação rasteira. Os macacos circulam livremente pelas florestas e é possível avistá-los de diferentes lugares.

Álbum de fotos de Hpa-An

GOLDEN ROCK: LOCAL DE PEREGRINAÇÃO BUDISTA

Saindo de Hpa-an, eu passei um dia visitando a Kyaiktiyo Pagoda, também conhecida como Golden Rock, sendo um dos pontos mais famosos de peregrinação budista do país. Trata-se de um pequeno tem-

plo construído em volta de uma grande pedra de granito que é coberta por folhas de ouro coladas a mão pelos devotos que visitam o local.

Ao longo de minha jornada por Myanmar, percebi que, na maioria dos templos budistas, as mulheres não podiam chegar até a área mais próxima às imagens de Buda ou colar as folhas de ouro em estátuas que ficavam no altar, por exemplo. As mulheres só podem chegar até uma parte previamente delimitada. Isso pode ser explicado porque a pedra em si simboliza a cabeça de um monge budista e as mulheres são proibidas de fazer contato físico com qualquer monge.

Uma guia que conheci também me contou que um dos motivos pelos quais as mulheres não têm o direito de rezar na parte do templo mais próxima ao altar é porque, ao ficarem de joelhos, na posição adequada para realizar as rezas budistas, os homens que ficam atrás delas podem se "distrair" com essa posição.

Em Golden Rock não foi diferente. Apenas os homens podiam tocar na pedra e ter acesso às áreas de reza próximas a ela. Segundo a lenda local, uma mecha do cabelo de Buda foi encontrada nessa pedra, que parece desafiar a gravidade por estar em uma posição que parece que cairá a qualquer momento.

A temporada de peregrinação no templo é de novembro a março e as pessoas que chegam lá, depois de caminhar até o alto da montanha, dormem no local e testemunham as diferentes cores que refletem na pedra desde o amanhecer até o entardecer. Quem não quiser fazer a peregrinação pode pagar por um transporte coletivo que demora cerca de quarenta minutos para subir a montanha. Lá no alto, junto à pedra e ao templo, existem lugares para comer, salões para dormir coletivamente e até hotéis.

Os devotos oferecem flores e velas à pedra, meditam embaixo dela e fazem rituais com cantos peregrinos. Pessoas com deficiências físicas ou que sejam muito velhas podem ser levadas até o alto em macas feita de bambu, carregadas por homens que trabalham com este serviço.

BAGAN

Voltei para Yangon e peguei um ônibus noturno para Bagan, o lugar mais turístico e conhecido de Myanmar. São 41 km² com milhares de ruínas e templos construídos entre os séculos XI e XIII, quando a cidade era a capital do primeiro Império Birmanês. Ao contrário do Angkor Wat, no Camboja, que é Patrimônio da Unesco e que, por conta disso, não se pode tocar e nem subir nas ruínas, em Bagan, a maioria dos visitantes sobe nas construções para terem vistas privilegiadas do nascer e do pôr do sol.

Trata-se de uma cidade histórica e fechada que os estrangeiros pagam cerca de 20 dólares para entrar e ficar quantos dias desejarem. Os habitantes do país entram de graça.

Todos os albergues, hotéis e restaurantes ficam dentro da cidade histórica. Geralmente, quem visita o local aluga bicicleta ou motos elétricas para cir-

Álbum de fotos de Bagan

cular pela região e visitar os diferentes templos. Alguns ainda pagam para fazer os passeios de van.

A parte mais linda de assistir ao nascer do sol era escolher ruínas que têm vista para os balões de ar que saíam todas as manhãs. Quem não pode arcar com a despesa que um passeio como esse requer, procura no mapa as melhores ruínas para subir e ter uma vista privilegiada dessa viagem aérea. À tarde, a história se repete: as pessoas locais indicam no mapa os melhores templos para ver o pôr do sol entre as ruínas.

Foi nítido perceber a diferença entre o turismo de Bagan e o turismo do Angkor Wat. Bagan ainda é pouco visitada pelos estrangeiros. Apesar do contato com as construções ser direto, tudo ainda está muito bem preservado e autêntico, com a presença de poucos vendedores ambulantes e de barracas de *souvenirs*. Já no Camboja, o país em si já está saturado do turismo. O Angkor Wat está sempre abarrotado de turistas e o preço de visitação é imensamente mais alto.

MANDALAY

Deixei Bagan e peguei um barco de 12 horas de viagem até Mandalay, cidade ao sul do país, urbana e turística. O passeio de quase um dia ao longo do rio foi maravilhoso, uma experiência válida para quem quer apreciar a natureza e dar um respiro no meio de uma viagem com ritmo intenso.

Passei quatro dias em Mandalay e vi os entardeceres mais lindos de toda a minha viagem. Tive o privilégio de me despedir do país com o pôr do sol e o nascer da lua cheia na mesma tarde. Era uma vista de 360º, do alto da U Bein Bridge, a mais longa e mais velha ponte feita de madeira de teca do mundo. Ela tem pouco mais de um quilômetro de extensão e é utilizada apenas por pedestres. Nesse dia, era possível ver o sol abaixar de um lado e, do outro, a gigante lua cheia nascer, ainda laranja. Foi um dos momentos mais especiais que tive na viagem, cercada de amigos estrangeiros que eu havia feito naquele mesmo dia, mas que já haviam se tornado parte da minha história.

Naquele momento, um amigo suíço mostrou para todos um texto em inglês que resumia lindamente aquele momento e um sentimento que me preencheu durante quase todos os dias da viagem: "às vezes, sentimos uma emoção estranha quando deixamos um lugar. Não apenas sentimos saudade das pessoas que amamos naquele momento, mas também da pessoa que nós éramos naquele lugar, porque nunca mais nos sentiremos daquele jeito de novo".

Esse texto trouxe um filme em minha mente. Recordei cada pessoa, cada lugar, cada situação vivida com pessoas especiais e como elas me fizeram sentir em cada "aqui e agora". Pessoas que conheci em uma tarde, em um café, em um passeio ou em um trajeto de ônibus. Recordei da pessoa que eu descobri quando estava solta no mundo, livre e aberta para ser quem eu quisesse. Sobre a pessoa que eu me tornei quando estava me conectando com a minha essência e me (re)descobrindo a cada dia.

A saudade que fica é esta: a da liberdade de estar na estrada, sem planos nem amarras; leve e feliz com a minha própria presença, confiando no meu espírito vivo e livre e mergulhando fundo no desconhecido, abrindo-me para ser surpreendida a cada instante, a cada dia. Agradeço.

O que senti do contexto histórico e político do país

Myanmar conseguiu sua independência tardiamente, após o colonialismo inglês, em 1948. Em 1962, o país foi alvo de um golpe militar que aboliu a constituição da época e deu início ao período de ditadura. Em 1988, milhares de manifestantes foram às ruas protestar contra os vinte e seis anos de ditadura que assombravam o país e muitos foram mortos.

Pouco tempo depois, um partido de oposição foi criado, a Liga Nacional pela Democracia (LDN), liderado por Aung San Suu Kyi, filha de Aung San, um dos grandes responsáveis pela independência do país e que foi assassinado pouco antes do momento histórico. No ano seguinte, Suu Kyi foi presa pela primeira vez e colocada em prisão domiciliar, impedida de se apresentar como candidata nas primeiras eleições gerais do país desde 1962. Mesmo assim, a LDN venceu as eleições de 1990 e o governo militar se recusou a entregar o poder. Em 1991, Aung San Suu Kyi recebeu o Prêmio Nobel da Paz por percorrer o país pregando a paz e a desobediência civil.

Em 2007, 100 mil manifestantes foram novamente às ruas de Yangon pressionar o governo militar, mas foi somente em 2011, quando o general Thein Sein foi eleito presidente pela Assembleia, que o regime militar foi dissolvido. Desde então, o novo governo que se instaurou no país é civil, apesar de apresentar quase toda a sua formação por militares.

Além disso, uma comissão foi instalada para revisar a constituição do país e Suu Kyi, solta desde 2010, cogitou candidatar-se para presidência, não fosse o veto que proibia candidatos cujos cônjuges fossem de outros países (na época seu marido era inglês). Foi em 2011, também, que o país abriu as portas para o turismo depois de 50 anos, o que o tornou um dos principais destinos para viajantes que buscavam lugares com cultura e natureza exuberante, ainda pouco explorados.

Hoje, a situação política é diferente do que o histórico do país havia mostrado. As primeiras eleições abertas desde 1990 aconteceram em 2015. A LDN conquistou a maioria dos votos para vagas no parlamento e também para a presidência. Suu Kyi se tornou Conselheira do Estado, cargo que foi recém-criado e que se assemelha ao de primeiro-ministro.

Por ter uma história de democracia extremamente recente, o contato que os birmaneses têm tido com outras culturas ainda gera curiosidade e surpresa por parte dos locais no dia a dia.

Vale destacar que após as eleições gerais de 2020, vencidas pelo partido Liga Nacional pela Democracia, o país foi palco de outro golpe de Estado. Em 1º de fevereiro de 2021, os militares de Myanmar alegaram fraude eleitoral e decretaram estado de emergência por um ano, fechando tanto o Senado quanto o Parlamento.

Então, o exército prendeu alguns dos principais líderes do país, como o presidente, Win Myint, e Aung San Suu Kyi, novamente.

Após o anúncio do golpe, militares cancelaram voos e cortaram as transmissões de rádio e televisão, assumindo o controle do país. De acordo com a Associação de Ajuda a Presos Políticos (AAPP), pelo menos 570 pessoas, sendo 47 menores de idade, foram mortas a tiro pelas forças de segurança de Mianmar, desde 1º de fevereiro. E o número pode ser ainda maior, já que mais de 2.700 pessoas foram detidas, sem acesso a familiares e advogados (muitos desapareceram).

Questões étnicas

Por apresentar fronteiras com diferentes países asiáticos, como China, Laos, Tailândia, Bangladesh e Índia, Myanmar é o reflexo de uma forte mistura étnica e cultural. A localização geográfica do país também explica a presença de várias minorias. Dentro desse contexto, o país vive uma das maiores crises humanitárias desde meados de 2017.

A crise de refugiados do grupo muçulmano *rohingya* começou após ataques a postos da polícia por grupos armados que supostamente pertenciam a essa etnia. Na ocasião, houve contra-ataques contra essa minoria, considerados por grupos de direitos humanos uma "limpeza étnica". Mais de 700 mil *rohingyas* foram buscar segurança em Bangladesh, que faz fronteira com a região norte. Por se tratar de um país majoritariamente budista, os *rohingyas* também sofrem agressão por outros grupos étnicos que não admitem a prática muçulmana em Myanmar.

Prestes a chegar no país, eu escutava de muitos mochileiros que era preciso ter cuidado durante a visita, pois, nas condições sociopolíticas em que ele se encontrava, a violência se alastrava para diferentes áreas. A experiência que eu tive, depois de quase um mês na antiga Birmânia, mostrou o contrário. Não cheguei perto do conflito, que se concentra somente na região Norte, e os habitantes não compartilhavam informações sobre a crise humanitária com os turistas.

CAPÍTULO 06

QUARTOS ONDE DORMI

Lar é onde você pode ser você mesmo.
@torusoficial

• 04.01.2018 partida de Bangkok

Por ser uma mulher que tinha 21 anos quando decidiu se aventurar sozinha, escutei muitos comentários que podiam ter me feito desistir deste sonho. Opiniões que questionavam minha capacidade de seguir essa jornada sozinha vinham o tempo todo até mim sem que fossem solicitadas.

Claro que algumas conversas me fizeram ficar com medo do que eu poderia enfrentar sozinha e me deixavam angustiada com a possibilidade de alguma coisa muito ruim acontecer. Mas eu não deixei o medo me barrar, porque ser mulher é isso: é ter que provar todos os dias a nossa força diante do mundo.

Muitas vezes, eu tive que engrossar a minha voz ao falar com um homem para ele entender que deveria me respeitar. Tive que fingir ser uma pessoa que eu não era, sendo até desrespeitosa, para não deixar aquele estranho tirar proveito de alguma situação ou agir com desrespeito. Nem sempre isso era fácil e certamente era bastante exaustivo. Também deixei o orgulho de lado, ao sentir vontade de enfrentar um olhar abusivo ou um ato machista, para não comprometer a minha segurança naqueles países que me eram desconhecidos.

No fim, a experiência da viagem compensou qualquer situação de medo que eu senti previamente. Eu acreditava fielmente que nada aconteceria comigo e ficava atenta a todo momento para qualquer situação perigosa que pudesse aparecer para mim. Essa é a parte boa de ser uma jovem mulher que nasceu e cresceu no Brasil, em São Paulo, uma das maiores metrópoles do mundo: já estou calejada para lidar com este tipo de situação. Eu sabia como agir em momentos que exigiam maior atenção. Claro que dava medo, mas ele não me paralisava e nem me impedia de viver meu sonho.

A arte de viajar e de deixar fluir

Foi a primeira vez em minha vida que não tive uma rotina a ser seguida, que conheci pessoas e lugares novos toda semana. Nunca estive tão fora da minha zona de conforto e, ao mesmo tempo, tão feliz com a espontaneidade e simplicidade de cada dia vivido. Entendi o que é levar uma vida autêntica, longe daquilo que levei como verdades absolutas por tanto tempo. Pela primeira vez, passei 150 dias fazendo uma coisa nova por dia, todos os dias.

Aprendi a passar horas observando pessoas nas ruas: vendo as famílias locais na calçada e os costumes diários que elas praticavam. Aprendi a desobedecer meus planos e a agir intuitivamente, permitindo-me fazer o que me dava vontade, ignorando planejamentos prévios que não ressoavam com meu sentimento daquele momento. Aprendi que a minha intuição é valiosa e que eu não posso ignorá-la. E que, em silêncio, ficava mais fácil escutá-la sussurrando em meus ouvidos.

Também aprendi que a cada obstáculo que ultrapasso, entendo que sou capaz de fazer qualquer coisa e ganho confiança para ir cada vez mais longe.

Passei a desacelerar e a fazer uma coisa de cada vez, focando no momento presente. Aprendi a dizer a hora olhando apenas para o céu, observando a posição do sol, a temperatura e a brisa do vento local.

A vida é feita desses momentos calmos e de contemplação, do compartilhar de uma longa conversa com alguém que talvez você nunca mais encontre. Ela é feita de saber ouvir uma pessoa mesmo quando você não concorda com suas ideias ou quando está cansada demais para escutá-la. Às vezes, essa pessoa precisa mais da sua atenção do que você imagina.

É sobre olhar nos olhos e ler a alma de quem você cruza. Todo mundo tem uma história para contar, mas nem todo mundo tem a oportunidade de compartilhar sua história com alguém que a escute com o coração.

Ao encontrar pessoas que estão na mesma frequência que você e que também estão em busca de suas evoluções pessoais, atentas ao caminho, não é preciso passar muito tempo com elas para entender que o sentimento é verdadeiro e recíproco. A rápida conexão é suficiente para eternizar tais momentos. Cada situação vivida, com cada pessoa que cruzou meu caminho, deu mais sentido a minha existência.

Todo fim é um recomeço

"Se queres ser universal, começa por pintar a tua aldeia". O escritor russo Leon Tolstói consagrou essa ideia em uma de suas frases mais famosas. O fato é que não é necessário ir até um lugar para aprender sobre a vida. Em qualquer canto temos acesso às mesmas respostas e aos mesmos conhecimentos. Basta que cada pessoa esteja atenta ao seu caminho para enxergar a mágica acontecer.

É certo que eu tive que viajar até o outro lado do mundo para entrar em contato com esse conhecimento. Mas não precisa ser assim. Qualquer um pode chegar às mesmas conclusões e reflexões sobre a vida estando dentro de seu bairro, sem nunca sair de sua comunidade (foi o que aconteceu com muitos de nós durante a pandemia: um mergulho profundo em si mesmo sem nem sair de casa).

O que deveras determina os aprendizados em ambas as situações é o olhar atento e presente, que permita enxergar além do que está sendo visto.

Não imagino como teria sido minha experiência na Ásia não fossem os trabalhos que realizei e as pessoas que conheci. Talvez eu não tivesse conhecido nem 10% de cada país sem as conversas que tive, sem o dia a dia do voluntariado, das trocas tão especiais com cada morador de cada comunidade. Poder impactar aqueles lugares de alguma forma e deixá-los me tocar profundamente também foi um presente que ganhei. Ao viajar como turista, você é tratado como turista. Ao se hospedar na casa de um local, você também é tratado como um.

Nesse sentido, a real importância de viajar é estar aberto ao desconhecido e disposto a aprender e a mudar com ele. É se abrir para conhecer uma pessoa sem querer, em uma mesa de restaurante ou em um gramado admirando o pôr do sol. É entender que cada pessoa com quem você conversa pode adicionar muito na pessoa que você é.

É estar disposto a se reinventar a todo momento, deixando velhos hábitos e crenças para trás e abrindo espaço para novas formas de enxergar o mundo, colocando e tirando novos óculos da realidade toda hora.

Conforme me desprendia das amarras que me barravam para me entregar 100% nas realidades de cada trabalho voluntário, sentia que estava mais feliz, mais plena, mais inteira. Quando estamos longe de tudo o que é familiar, estamos mais abertos para nos conectar com o diferente e absorver melhor cada pessoa e cada situação do dia a dia. E, assim, nos conectamos com a nossa verdade, nossa essência mais pura.

Eu me sentia feliz como nunca havia sentido e entendi que a felicidade é um estado de espírito que podemos alcançar em qualquer lugar do mundo.

Cada vez mais me convenço de que a vida é feita dos encontros entre as pessoas e das histórias que as conectam, da possibilidade desses caminhos se cruzarem e das marcas que cada um nos deixa. Percebo que aquilo que me motiva a seguir em frente, sabendo que de alguma forma estou no caminho certo, são esses momentos que me transbordam e me fazem sentir viva. É quando fecho os olhos e deixo um arrepio sutil subir à espinha, eternizando aquele sentimento único no coração.

Agradeço a todos que possibilitaram minha transformação e que compuseram a linda jornada que trilhei. Sinto saudade da vida leve da estrada, da espontaneidade do caminho e me conforto sabendo que não foi um adeus, mas um até logo. Ainda há muito para viver.

Obrigada
Thank you
Kop Kum Ka
Cám O'n
Daniabat
Or Khun
Minglaba

Copyright © 2022 Nicole Wey Gasparini

Coordenação Editorial
Isabel Valle

Fotografias
Nicole Wey Gasparini

Capa e projeto gráfico
Luiza Chamma

G249b

Gasparini, Nicole Wey, 1996-
    Boon na minha vida: uma jornada pela Ásia / Nicole Wey Gasparini – Coleção Mulheres Viajantes. Rio de Janeiro: Bambual Editora, 2022.
    160 p.

    ISBN 978-65-89138-29-7

    1. História Geral da Ásia. 2. Filosofia oriental. 3.Budismo. I.Gasparini, Nicole Wey. II.Título.

                                           950
                                           181

www.bambualeditora.com.br
conexao@bambualeditora.com.br